魏志倭人伝精読

卑弥呼と壹與

山下 浩

東京図書出版

魏志倭人伝精読　卑弥呼と壹與◇目次

始めに

読者のみなさんは学校で『魏志倭人伝』について習ったでしょうが、邪馬台国や卑弥呼以外に何か覚えていることがありますか？

時代は弥生時代だ、ということは思い出しましたか？

邪馬台国はどこにあった？

答えは、九州説と近畿説があって結論が出ていない、です。

それ以外に覚えていることは？

「卑弥呼の鏡」といわれている三角縁神獣鏡を、それがどんな特徴を持っているか、など説明できなくても知っている人は多いでしょう。

それ以外に、と尋ねるともうお手上げではないですか？

『魏志倭人伝』、邪馬台国、卑弥呼は、いわば日本人の常識ですが、単語が知られているだけで、実は何も知られていない。あなたは『魏志倭人伝』を本当に知っているといえますか？

『魏志倭人伝』について、実は「ほとんど何も知られていない」、ということをわかってもらったうえで、それでは、前書きを始めます。

『魏志倭人伝』、邪馬台国、卑弥呼などは、日本人のほとんどが知っている言葉である。邪馬台国のあった場所については、主なものに畿内説、九州説があって、どちらが正しいか決め手がなく、よくわかっていないこともよく知られている。そして、古代史に詳しい人でも『魏志倭人伝』は、読んでもよくわからない、難しいと思っている。それは、『魏志倭人伝』が漢文で書かれているうえに、古代史の中で離れ小島みたいにぽつんと浮かんでいて、日本の正史である『古事記』、『日本書紀』との関連性が見られないことも関係していよう。何しろ、邪馬台国も卑弥呼も『古事記』や『日本書紀』にはまったく、一言も触れられていないのだ。これまで発掘された弥生時代の遺跡・遺物などで、邪馬台国に関連していると考えられるものも三角縁神獣鏡（卑弥呼の鏡と言われている）などを除いてあまりない。『魏志倭人伝』、『古事記』と『日本書紀』、遺跡の研究それぞれの間に矛盾があっても専門家はその解決には目を背けている。さらに、古代史の書物も、こうしたみんなが疑問に思っている事柄を意図して避け、それぞれの専門分野について議論を進めている。古代史についてはいろいろな研究や論文が、遺跡の状況や他人の論文と相互に矛盾を抱えたまま発表され、蓄積されてきた。これまで誰も多くの矛盾を解決しようとしなかった。誰かがそれらを系統立った一つの理論で整理しないと、いつまでたっても古代史の混乱は解消しないだろう。みんなの疑問はうやむやのままである。

『魏志倭人伝』については、漢文で書かれており、意味のわからない漢字も多く、地名、人名に馴染みがなく、廃れてしまった風俗、社会状況など、読んでもよくわからないことがあまりに多い。しかし内容が詳細で、信頼性が高く、詳しく読めば相当のことがわかりそうなものだが、邪馬台国の場所さえも、未だにわかっていない。それは一部に意図して作られたウソが隠されていることが影響している（そのウソについては本文で解説する）。

そこで、『魏志倭人伝』を一文ずつ精読してみたいと思う。『魏志倭人伝』は、読み下しの資料などはあるが、書かれている内容を詳細に解説したものは、残念ながら目にしたことがない。わかっていることとわからないことを、中国のその他の文献や、考古学の成果と照合したら新しい解釈や理解ができるかもしれない。先人の成果も参考にしながら、自分なりの考察、検討をして新しい解釈ができたら楽しい作業になるだろう。そして、それに挑戦したい。『魏志倭人伝』の分析を私なりの考え方に基づいて一本の筋を通し、弥生時代中期から古墳時代前期までを解析していく。古代史は文献の資料に乏しく、仮説を立ててさらにそれを前提として仮説を立てる、という作業とならざるを得ない。常識から外れた結論が出てくるかもしれないが、その都度見直しながら作業していこう。

読み始める前に、『魏志倭人伝』に書かれている倭国の地名、人名などについてコメントしておく。倭国、対馬《つま》国、末盧《まつら》国などの地名、卑弥呼、卑狗《ひく》などの人名は漢字で書かれているが、それは、魏の役人が倭人と接触し、漢文で記録する際、中国人の耳に聞こえた音をその音にふさわしい漢字で記録したためである。これは、文明開化で外国語が大量に日本に流入したとき、日本人が耳で聞いた音をカタカナで表記したことと同様である。日本語にはカタカナがあるので、音を表音文字で表すことができるが、中国語には漢字しかなく、音が似た漢字の中からふさわしいものを選び、さらに蛮族を蔑む中華思想から、「小さい」「醜い」「卑しい」「邪《よこしま》」などの人を見下す意味を持つ漢字を充てた。

これを前提にしてみると、『魏志倭人伝』に出てくる漢字の倭国の地名や人名は、いうなれば当て字であり、それぞれの漢字の意味をあれこれ詮索しても意味がない。意味のない漢字の当て字はひらがなに置き換え、現在の地名や大和言葉に該当する文字（漢字）があるときはそれに置き換える。なお、ゴシックで読み下している『魏志倭人伝』の文章は、おもに『大系日本の歴史1　日本人の誕生』（小学館）とインターネットの「デジタル邪馬台国」(http://www.eonet.ne.jp/~yamataikoku/6000.html) によっており、国名などのルビの一部は、漢字の音読みが複数あるものがあるため、おかしいと思われるものについては検討のうえ、変えたものがある。

蛇足だが、四一三年から中国に朝貢した倭の五王の名の「讃」「珍」「済」「興」「武」は『魏志倭人伝』と異なり、王の名に当て字をしたものではない。倭の王たちが中国風の名前を皇帝に献上する書面（上表文）に記載したのだ。そのため、この五人が我が国の天皇のうち誰に比定できるのか、一部に論争がある。

同様に、『後漢書』「東夷伝」に出てくる安帝の永初元（一〇七）年に後漢に朝貢した「帥《すい》升《しょう》」も中国風の名前であり、どういう人物なのかわかっていない。

『魏志倭人伝』は倭人の発音を表音文字で記しており、これらの皇帝に献上する正式な書面に記載された名前とは全く異なっており、この点でも史料として異色であり、有意義なのである。

邪馬台国への旅

倭人在帯方東南大海之中、依山島爲國邑。舊百餘國、漢時有朝見者。今使譯所通三十國

訳：倭人は帯方郡の東南の大海の中に在り、山島に依って国邑《こくゆう》とし、旧《もと》は百余国、漢の頃から大陸への朝貢があり、今では三十箇国が使者を通わせている。

倭人は自分たちの国名を「わ」と言った。「わ」は大和言葉として現在に至っており、例えば、和文、和食、和風、和式、和服、和紙、和楽器、英和辞典、漢和辞典など一字で日本を表すときに使われている。ただ、「わ」は大和言葉であるにもかかわらず、後の時代の日本人が漢字で書くときに音読みで「わ」と読む「和」を充てたため「わ」が大和言葉だと思われなくなった。「わ」は「和」の音読みであり訓読みでもある。以後、原文を引用するときなどを除いて、倭国は和国に、倭人は和人と表記する。

和人の国は帯方郡の東南の大海の中にあり、山島に依って国とし、旧は百余国あった。漢の頃から大陸への朝貢があり、記述の時点では三十カ国が帯方郡に使者を通わせている。記述の時点とはいつのことだろう。先走ってしまうが、『魏志倭人伝』の最後は魏の張政らが正始八(二四七)年に和国に派遣され、その数年後に彼らが帰国したところで終わっている。その往復の旅程が魏にとって最新のものであり、記述についてもその時のものだろう。また、『魏志倭人伝』の資料となったその紀行文は、数年間の日本滞在中に記されたものが中心になっており、非常によく女王国の状況を観察して書かれており、これほどの内容のものは『三国志』の中でも異色である。

『魏志倭人伝』は、中国の歴史書『三国志』中の「魏書」第三十巻烏丸鮮卑東夷伝倭人条の略称であり、当時、日本列島にいた民族・住民の倭人の習俗や地理などについて書かれている。著者は西晋の陳寿で、三世紀末（二八〇〈呉の滅亡〉～二九七〈陳寿の没年〉年の間）に書かれた。

「使者を通わせている」三十カ国とはどこなのか、具体的なことがわからない。邪馬台国が含まれるのは当然として、その他の国々についてわかれば、当時の列島諸国の力関係、対立の構図など面白い研究テーマがいろいろと出てくるだろう。

從郡至倭、循海岸水行、歴韓國、乍南乍東、到其北岸狗邪韓國、七千餘里

訳：帯方郡から倭国に至るには、海路で海岸を循って韓国を経て南へ、東へ、七千余里で北岸の狗邪韓国《くやかんこく》に到着する。

魏の朝鮮半島に設けられた地方拠点である帯方郡から和国に至るには、朝鮮半島の西側、黄海側を海路で海岸に沿って韓国（『三国志』「魏書」東夷伝韓条によると、韓は帯方郡の南にあり、東西は海を限界とし、南は和国と接し、四方は四千里ばかり。韓には三種あり、馬韓、辰韓、弁韓である〈つまり、馬韓、辰韓、弁韓の三国は、北は帯方郡に接し、東西は日本海、黄海と面し、南は和国と接していた〉）を経て南下し、対馬海峡に出て、東へ行くと七千余里で和国の北端の狗邪韓国に到着する。「和国の北岸の狗邪韓国」とは当時の和国の勢力が対馬海峡を越えて朝鮮半島南部にまで及んでいたことを意味する。また、北岸というのは、九州から船で北上して到達する、和国から見た北の岸、という意味である。和人が支配する国が朝鮮半島南部にあったのだ。

狗邪韓国がどんな国だったのか、女王国に属していたのか、それとも王がいて独立していたのか、和人と現地人がどれくらいの比率で混住していたのかなど、何もわからない。『魏志倭人伝』のこの部分にしか見られない謎の国である。なお、狗邪韓国は後の任那の一部になったとされるが、位置的には重なるのだろうが、クニとして継続性があるかどうかは史料がないので私には何とも言えない。

始度一海千餘里、至對馬國、其大官曰卑狗、副曰卑奴母離、所居絶𡶛、方可四百餘里。土地山險、多深林、道路如禽鹿徑。有千餘戸。無良田、食海物自活、乗船南北市糴

訳：始めて海を千余里渡ると、対馬国《つまこく》に至る。大官は卑狗《ひく》、副官は卑奴母離《ひなもり》。絶島で四百余里四方の広さ。千余戸が有る。山は険しく、道は獣道のようで、林は深く、良い田畑がなく、海産物で自活。船で南北岸の市へいく。

始めて対馬海峡を千余里渡ると、対馬《つま》（のちに「つしま」と呼ばれる）国に至る。大官はひく、副官はひなもりという。「ひく」は他国の大官の名前がそれぞれ異なることから人名と思われるのに対し、「ひなもり」は他国の副官が「ひなもり」であることから役職名と思われる。であれば、これは大和言葉であり、漢字を充てると「鄙守、あるいは鄙人」となる。鄙は、「鄙びた」という言葉があるように、都から離れた所、地方であり、守（または人）は防人《さきもり》同様、軍人である。和国の地方統治は官僚がトップで軍人が副官に就くという機構であったことがわかる。また、対馬国には王がいない。対馬国は和国の一地方であった。

さらにもう一つ。

先ほどの「わ」もそうであるが、「ひな」や「もり」という言葉はこの時代、弥生時代後期の三世紀中頃にはすでに和国で使われていたことがわかる。大和言葉としてのこれらの言葉の発生時期が、弥生時代までさかのぼることが『魏志倭人伝』のこの文章から確認できるのだ。

「ひなもり」については、

「（平安時代中期に作られた辞書である）和名抄に、筑前国糟屋郡《かすやぐん》（現在の福岡市）に『夷守《ひなもり》駅』があり、越後国頸城郡《くびきぐん》（新潟県妙高市）に『夷守《ひなもり》郷』を収め、『延喜兵部式』（延長元〈九二三〉年）には日向国諸県郡《もろかたぐん》（現在の鹿児島県と宮崎県の一部にあった郡）に夷守《ひなもり》駅が記されている。」

（「ウィキペディア」「ヒナモリ」より略記）

いずれも、「ひなもり」に「夷守」の字が充てられている。鄙守が置かれた地方だったのだろう。

対馬国は本土から離れた離島で、四百余里四方の広さで千余戸がある。山は険しく、道は獣道のようで、林は深く、良い田畑がなく、漁業で自活している。島内では十分な農産物が採れないので、船で対馬海峡を渡り、九州北部や朝鮮半島南部の市へ行く（「島内の南北岸の市に行く」、という意味ではない）。島の住人は、対馬海峡の両岸を行き来し、盛んに海路によって物々交換を行っていた。島で採れた海産物を保存が利くように加工して船で運び、米などの農産物を主に得ていたのだろう。考古学の遺跡ではそうした遺物（消費財）は残らず、発掘されないのでそうした交易があったことを検証するのは難しい。しかし人々は活発に交易を行っていただろうし、彼らにとって九州から朝鮮半島南部は一つの経済圏であった。地図を見るとわかることだが、対馬国から南下して九州に渡るのと、北上して朝鮮半島に渡るのとでは距離的に大差ない。現在は対馬と韓国の間に国境があるので、自由な往来はできないが、人々の往来が自由だった当時は、自由な往来、経済活動が行われていた。北部九州やこれら島々から朝鮮半島南部に渡り、そのまま定住する者もいただろう。狗邪韓国のような和人の支配する国ができたのもある意味、自然な成り行きだった。

又南渡一海千餘里、名曰瀚海、至一大國。官亦曰卑狗、副曰卑奴母離。方可三百里。多竹木叢林。有三千許家。差有田地、耕田猶不足食、亦南北市糴

訳：又南に瀚海《かんかい》と呼ばれる海を千余里渡ると一大国に至る。官はまた卑狗《ひく》、副官は卑奴母《ひなも》離《り》。三百余里四方。竹、木、草むら、林が多い。三千許《ばか》りの家が有る。田畑は有るが田を耕すが食糧には足りず、南北の市へいく。

また南に瀚海と呼ばれる海を千余里渡るといき国に至る。他の史書では「一支國」とされることから、『魏志倭人伝』は誤記ではないかとされており、対馬との位置関係から考えて私も誤記だと思う。手書き文字だと、「支」の草書体と「大」の隷書体は似た形であり、原文から『魏志倭人伝』の原稿を作成するときに間違えたのだろう（この時代は隷書体と草書体が用いられ、楷書、行書はまだ誕生していない)。いき国は現在の壱岐だが、対馬国からは南東に位置しており、「南に瀚海と呼ばれる海を千余里渡る」は方向、距離ともにおかしい。官、副官の名前は対馬国と同じだから対馬と壱岐は同一行政圏だったことがわかる。
広さは三百余里四方で三千ばかりの家がある。竹、木、草むら、林が多く未開の土地が多い。田畑はあるが耕地は狭く、食糧には足りず、対馬国と同様に船で対馬海峡を渡り、九州や朝鮮半島南部の市へ行く。

又渡一海千餘里、至末盧國。有四千餘戸、濱山海居。草木茂盛、行不見前人。好捕魚鰒、水無深淺、皆沈没取之

訳:また海を千余里渡ると、末盧《まつら》国に至る。四千余戸が有り、山海に沿って住む。草木が茂り、前を行く人が見えない。魚やアワビを捕るのを好み、皆が潜る。

また海を千余里渡ると、九州に上陸し、まつら国に至る。方角は書かれていないが、まつらは現在の佐賀県松浦《まつら》地方に比定されており、壱岐からは南であり「南に瀚海《かんかい》と呼ばれる海を渡る」という一大国の記事が当てはまる。ここまで和国の地名の漢字表記は一音一字であったが、「まつ」に「末」一字を充てている。和人の発音が「末」の音と似ていたか、字数を減らそうとしたかのどちらかだろう。

四千余戸が有り、山海に沿って住む。陸路は整備されておらず、草木が茂り、前を行く人が見えない。やはり、海路が人々の往来の手段だった。漁業が主産業で魚やアワビを捕るのを好み、皆が潜る。

漁業の方法が、釣りや網によるものでなく、水に潜り、銛《もり》や槍《やり》で魚を突いたり、アワビなどの貝類を採取することが主流だった。釣り針は縄文時代の遺跡からも発掘されており、この時代にも利用されていたのだろうが、小さな釣り針、細く丈夫な釣り糸、ともに作るのに高い技術を要し、この地方では一般的ではなかったのだろう。

東南陸行五百里、到伊都國。官曰爾支、副曰泄謨觚・柄渠觚。有千餘戸。世有王、皆統屬女王國。郡使往來常所駐

訳：東南に陸行し、五百里で伊都《いと》国に到着する。長官は爾支《にき》、副官は泄謨觚《せもこ》と柄渠觚《へくこ》。千余戸が有る。世々、王が居る。皆、女王国に属する。帯方郡の使者の往来では常に駐在する所。

陸上を東南に行くと、五百里でいと国に到着する。いと国は現在の福岡県糸島市と思われるが、ここも方向がおかしく、東南ではなく、東、もしくは東北東である。まつら国からいと国へは、それぞれの比定地が松浦地方と糸島市ならば、陸路よりも海路の方が便利で速い。陸路としたのは「東南に行く」と書いたため、九州を南下するものとして、その偽りに合わせたのだろう。

副官は「せもこ」と「へくこ」の二名となっており、郾守と書かれていない。二人が軍人の可能性もあるが、「帯方郡の使者の往来では常に駐在する所」であるという重要性からみても和国の高官が駐在していたのであろう。郾守がいたとしたら二人よりも地位は下になる。また、数代にわたって王がいるが、ずっと女王国に属しているので、数代前に女王国と和睦を結んだか、降伏したのだろう。千余戸があると書かれており、人口は多くないが、いと国は和国の大陸への表玄関として重要な位置を占めていた。

なお、「女王国」を卑弥呼の国と思っている人も多いが、それは半分間違いである。卑弥呼は『魏志倭人伝』の基となる資料が書かれた数年の間に死亡し、その後、壹與が新女王になった。

東南至奴國百里。官曰兕馬觚、副曰卑奴母離。有二萬餘戸

訳：東南に百里進むと奴国《なこ》に至る。長官は兕馬觚《しまこ》、副官は卑奴母離《ひなもり》。二万余戸が有る。

な国は大和時代の儺県《なのあがた》、現在の福岡市付近に存在したと推定されている。福岡市辺りなら方角は南東ではなく、東である。長官はしまこという名前で、副官は鄙守。王の記載はなく、和国の一地方であった。人口は多く、二万余戸がある。「ウィキペディア」には、

「『後漢書』東夷伝によれば、建武中元二（五七）年、後漢の光武帝に倭奴国が使して、光武帝により、倭奴国が冊封され金印を綬与されたという。江戸時代に農民が志賀島から金印を発見し、倭奴国が実在したことが証明された。地中から発掘されたにしては金印の状態があまりに良いために金印偽造説も出たが、書体の鑑定等から、偽造説については否定的な意見が大勢を占めている。その金印には『漢委奴國王《かんのわのなのこくおう》』と刻まれていた。刻まれている字は『委』であり、『倭』ではないが、委は倭の人偏を省略したもので、この場合は委＝倭である。このように偏や旁を省略することを減筆という。金印については『漢の委奴（いと・ゐど）の国王』と訓じて委奴を『伊都国』にあてる説や、匈奴と同じく倭人を蛮族として人偏を省略し委奴《わど》の意味とする説もある。」

（「ウィキペディア」「奴国」より）

金印の「漢委奴國王」の読み方については「ウィキペディア」で紹介されたような説もあり、また、倭奴国を「倭の奴国」と読むのか「わなこく」と読むのか定説がない。もしも、奴国と

倭奴国が同一ならば、この時代までに奴国は女王国に征服され、金印は儺県《なのあがた》から離れた志賀島に隠匿され、王のいない属国とされて、名前だけが残ったことになる。

なお、この金印は福岡市博物館に保管されており、一般の人も見ることができる。

東行至不彌國百里。官曰多模、副曰卑奴母離。有千餘家

訳：東へ百里行くと、不弥《ふみ》国に至る。長官は多模《たも》、副官は卑奴母離《ひなもり》。千余の家族が有る。

ふみ国は地名の類似から福岡市の東にある福岡県宇美町と一般的には比定されているが、諸説ある。長官はたも、副官は鄙守。王の記載はなく、和国の一地方であった。千余の家族がある。

南至投馬國、水行二十日。官曰彌彌、副曰彌彌那利。可五萬餘戸

訳：南へ水行二十日で、投馬《とま》国に至る。長官は彌彌《みみ》、副官は彌彌那利《みみなり》である。推計五万戸余。

南へ海路二十日でとま国に至る、と書かれているが、ふみ国に比定されている現在の宇美町は海に面しておらず、（当時はもっと広く、海岸のあるあたりまでが領地だったのかもしれないが）海路の起点はふみ国とは思えない。であれば、ふみ国は比定地の宇美町ではなく、な国から半径百里の円内の海に面したどこか、ということになるが、今のところ私には候補地はない。

とま国についても比定地が諸説あり、

「邪馬台国九州説では日向国都萬《つま》（都萬神社周辺、現西都市妻地区）説、薩摩国説、五島列島説、等がある。瀬戸内海航行説の場合、名称の類似から備後国の鞆とする説等があり、日本海航行説では出雲国や丹後国、但馬国等にあてる説がある。」

（「ウィキペディア」「投馬国」より）

とま国の長官はみみ、副官はみみなりであり、副官は鄙守と書かれていない。鄙守と書かれていなくても、みみなりという名前の鄙守だったと考えることができるし、女王国に近いため鄙守がおかれていなかったと考えることもできる。これについては、結論付けるための根拠、資料がない。ただ、人口は多く、推計五万戸はこれまでの国々の中で一番多い。とま国は和国の都に近いところに位置していた比較的大規模な国と考えることができる。

南至邪馬壹國、女王之所都、水行十日、陸行一月。官有伊支馬、次曰彌馬升、次曰彌馬獲支、次曰奴佳鞮。可七萬餘戸

訳：南に水行十日と陸行一月で女王の都のある邪馬壹国に至る。官に伊支馬《いきま》、次に弥馬升《みまと》、次に弥馬獲支《みまわき》、次に奴佳鞮《なけて》があり、推計七万余戸。

帯方郡から女王国に至る経路の最後は、とま国から南に水行十日と陸行一月で女王国に着く。方角はここもあてにならない。官に上位から順に、いきま、みまと、みまわき、なけてがいる。女王国は推計七万戸余で一番規模が大きい。

なお、「邪馬壹国」の国名は、『魏志倭人伝』ではこの一カ所に見られるだけで、他はすべて「女王国」と書かれている。そのため、邪馬壹国の「壹」の字は誤字ではないかという意見もあるが、『魏志倭人伝』の他の個所の漢字と比較して一致しているかどうか、という比較検討ができない。後で「邪馬壹国」の読み方について述べるが、誤字としないと日本語に比定できる大和言葉が見つからないので、私も誤字だという意見に賛成したい。

「ウィキペディア」の「邪馬台国」には、

「現存する『三国志（『魏志倭人伝』）』の版本では『邪馬壹國』と書かれている。（中略）

宋代の『太平御覧』は成本が十世紀で現存の『三国志』写本より古いが、『三国志』を引用した箇所をみると『邪馬臺国』の表記が用いられている。」

（「ウィキペディア」「邪馬台国」より）

と、『魏志倭人伝』では「壹」が、『魏志倭人伝』を引用した書物では「臺」が用いられ、二種類の文字が見られる。

また、日本では、今日、多くの書物が「壹」や「臺」に替えて「邪馬台国」と「台」を代用している。

そのため、「邪馬壹国」の読み方はひとまずペンディングとしておくので、この本を読まれる皆さんは、それまで「やまたいこく」など、なじまれた読み方でお読みいただきたい。

自女王國以北、其戸數道里可得略載、其餘旁國遠絶、不可得詳。次有斯馬國、次有已百支國、次有伊邪國、次有都支國、次有彌奴國、次有好古都國、次有不呼國、次有姐奴國、次有對蘇國、次有蘇奴國、次有呼邑國、次有華奴蘇奴國、次有鬼國、次有爲吾國、次有鬼奴國、次有邪馬國、次有躬臣國、次有巴利國、次有支惟國、次有烏奴國、次有奴國。此女王境界所盡。其南有狗奴國。男子爲王、其官有狗古智卑狗。不屬女王。自郡至女王國、萬二千餘里。（中略）計其道里當在會稽東治之東。

訳：女王国より北方にある国々は、其の戸数・道里を略載することが可能だが、其の他の傍国は遠く絶《へだ》たっていて、詳らかに得ることができない。斯馬《しま》国、己百支《いはき》国、伊邪《いや》国、都支《とき》国、彌奴《みな》国、好古都国、不呼国、姐奴国、對蘇国、蘇奴国、呼邑国、華奴蘇奴国、鬼《き》国、爲吾国、鬼奴《きな》国、邪馬《やま》国、躬臣国、巴利国、支惟国、烏奴国、奴《な》国。此れが女王の境界が尽きる所である。

其の南には狗奴《くな》国がある。男子を王と為し、其の官に狗古智卑狗《くこちひく》が有る。女王に属せず。

帯方郡から女王国に至るには一万二千余里である。（中略）その（倭国の）位置を計ってみると、ちょうど會稽や東治の東にある。

『魏志倭人伝』で紹介された国は、邪馬壹国（邪馬台国）と、対馬国など邪馬壹国（邪馬台国）に属し国の概要が記載された八カ国、女王国の境界にあるが詳細がわからないとされた二十一カ国、女王国に属していないくな国（狗奴国）、合わせて三十一カ国が記載されている。それに、朝鮮半島南部に狗邪韓国など和人の国があり、女王国の範囲と境界を概観できる。

詳細がわからないとされた二十一カ国は所在地だけでなく国名の読み方についても不確定である。また、奴国については伊都国の次に登場しており、ここにも記載されて、なぜか二回記載されている。同じ名前の別の国の可能性もあるが間違って書いたのかもしれない。一部の国名にルビを振っているが、確定したものではない。これら諸国の位置が定まらないために、邪馬壹国（邪馬台国）の九州説、畿内説のいずれが正しいか決め手がない。論争の原因の一つだ。「境界が尽きる所」の二十一カ国は、当時の女王国の範囲がわかれば、その境界の当時の地名を検討することで、見つけることができるかもしれない。

狗奴国は、後ほど「邪馬台国の歴史」で再び出てくる。狗奴国と何年も戦争が続き、それを帯方郡に報告したことから邪馬壹国の内政が混乱することになるが、その点で重要な国である。頭の隅にとどめておいてほしい。

また、女王国とその境界にある国との間にある国については何も書かれていないので、例えば女王国周囲の国々、水行十日などと書かれた旅程で寄港せずに通過した国々、吉野ヶ里遺跡など各地で発掘されている大きな集落を都とする国などが何カ国もあったはずで、女王国構成国はもっと多いはずだ。

女王国の漢字表記を、『魏志倭人伝』の「邪馬壹国」と、小学校で習って我々の常識になっている「邪馬台国」とを併記してみた。こうしてみると、「邪馬壹国」には違和感を覚えるが、(誤字かどうかの議論があるが）こちらが正式なものであり、これからも女王国を「邪馬壹国」と表現していく。

「帯方郡から女王国までの距離は南に一万二千里余りであり、それは魏と争っている呉の会稽や東治の東海上である。」

ここに『魏志倭人伝』に隠された作者の作意が表れている。

魏は呉と争い、敵対していた。魏に朝貢している属国の和国は呉の東海上にあり、魏が北から、和国が東から呉に攻め込むことができると書いているのだ。そのため、帯方郡から女王国までの経路が意図して南へ南へと捻じ曲げられ、道里も一万二千里余りとされ、現在の福建省や浙江省沖の東海上にあることにされた。この目的のために、邪馬壹国への旅程が捏造され、信用できないものになった。『魏志倭人伝』の女王国への改竄された旅程を研究して邪馬壹国が九州にあったのか、近畿地方にあったのか論じても意味がない。邪馬壹国の場所の研究は、『魏志倭人伝』に記された旅程から離れて行わなければならない。

この改竄は、帯方郡から派遣された魏の役人が始めから意図して行ったのではないだろう。その旅程は、当初は紀行文として正しく書かれていたのだろうが、『魏志倭人伝』が書かれるときに、魏を滅ぼして領土を継いだ西晋と、後に西晋に滅ぼされる呉の外交関係が考慮され、このように書き換えられたと思われる。

和国の民俗、風俗、社会等がそのあといろいろと綴られていくがここでは省略し、和国の歴史の条から検討を再開する。

邪馬台国の歴史

其國本亦以男子爲王住七八十年倭國亂相攻伐歴年

訳：其の国もまた元々男子を王として七－八十年を経ていた。倭国は乱れ、何年も攻め合った。

女王国もまた、もともと男子を王として七、八十年を経ていた。『後漢書　巻八十五』「東夷列傳　第七十五」によると、桓帝・霊帝の治世の間（一四六～一八九年）和国は大いに乱れ何年も攻め合った、とある。その治世の間が四十三年だから、長く見積もって、弥生時代後期の数十年間である。「其の国もまた元々男子を王として七－八十年を経ていた。」の後半の数十年は、戦乱の時代だった。「数十年」としたのは、「桓帝・霊帝の治世の間」と二人の皇帝の治世にまたがる期間戦乱が続いた、とあり、数年で片が付くような戦乱ではなかったと読めるからである。

また、『魏志倭人伝』のこの部分に和国が乱れた、と記されているということは、その当事者に邪馬壹国が含まれているということだ。邪馬壹国と関係のない、よその地方で戦乱が続いたのではないので、「和国乱」を検討するときは、それを前提にしなければならない。

またもう一つ、女王国がもともと「男子を王として七－八十年を経ていた」と書かれているので、国として体制が確立してからが七、八十年だと思われる。王の在位年数を平均二、三十年とすると、二、三代を経ていたと思われる。それ以前については触れられていないので、国の草創期はわからない。この男王の在位した期間に和国は乱れた。

和国が乱れた数十年間というとほぼ四半世紀近く、中国の史書にこれ以上の記録がない以上、日本の考古学上の遺跡、遺物等に国内が大いに乱れたことを示す史料があるはずである。その検討の前に弥生時代とはどういう時代であったのか、「ウィキペディア」の「弥生時代」でその概観を見てみる。また、予め断っておくが、ここからの「邪馬台国の歴史」は、証明できない推論、私の推理が大半を占める。ここの仮説は非常に大胆なものであることをご承知おきいただきたい。

【弥生時代】

「紀元前五世紀中頃に、中国大陸南方から、北部九州へと水稲耕作技術を中心とした生活体系が伝わり、九州、四国、本州に広がった。初期の水田は、佐賀県唐津市、福岡県の板付遺跡、糸島市曲り田遺跡などで水田遺跡や大陸系磨製石器、炭化米等の存在が北部九州地域に集中して発見されている。弥生時代のはじまりである。

弥生時代には農業、特に水稲農耕の採用で穀物の備蓄が可能となり、社会構造の根本は実力社会であった。即ち水稲農耕に長けた者が『族長』となり、その指揮の下で稲作が行われたのである。また、水稲耕作技術の導入により、開墾や用水の管理などに大規模な労働力が必要とされるようになり、集団の大型化が進行した。大型化した集団同士の間には、富や耕作地、水利権などをめぐって戦いが発生した。弥生時代は、縄文時代とはうってかわって、集落・地域間の戦争が頻発した時代であった。このような争いを通じた集団の統合・上下関係の進展の結果としてやがて各地に小さなクニが生まれた。」

「弥生時代は戦いの時代であり、集落の周りに濠をめぐらせた環濠集落や、低地から百メートル以上の比高差を持つような山頂部に集落を構える高地性集落などは、集落や小国家間の争いがあったことの証拠であり、また武器の傷をうけた痕跡のある人骨（受傷人骨）の存在なども、戦乱の裏付けである。北部九州から伊勢湾沿岸までには、環濠集落・高地性集落、矢尻の発達、殺傷人骨、武器の破損と修繕などの戦争に関わる可能性のある考古学事実が数多くそろっており、戦争が多かったと推定される。南九州・東海・南関東・長野・北陸・新潟は、戦争があったと考えられる考古学的事実の数が比較的少ない。北関東と東北には戦争があった可能性を示す考古学事実はほとんどない。遠江、静岡県浜松市には環濠集落はあるが、登呂などの静岡市周辺の大規模な弥生ムラには環濠はなく、戦争があった可能性は薄い。環濠集落の北限は、太平洋側では千葉県佐倉市の弥生ムラ、日本海側では新潟県新八幡山である。」

「環濠集落には、防御と拠点という特色がみられる。断面が深くV字形に掘削された環濠や、逆茂木《さかもぎ》と称されるような先を尖らせた杭を埋め込んでいる様子から集落の防御的性格があったことが窺える。

環濠集落は、二世紀後半から三世紀初頭には各地で消滅していく。この時期に、西日本から東海、関東にかけて政治的状況が大きく変わり、社会が安定し、そうした防御施設を必要としなくなったことを示すものとして考えられている。」

このように、弥生時代は小さな争いから大きな戦争までが繰り返される不安定な時代であった。そうした時代状況の中で「倭国は乱れ、何年も攻め合った」と特筆される数十年について見ていく。時期は二世紀中葉から後半にかけて、つまり弥生時代後期である。

この時期に出現したものとしては、高地性集落が挙げられ、姿を消していくのが銅鐸である。和国の乱れた数十年を見る前に、この二つについて概略を検討してみよう。

【高地性集落】

「高地性集落は、人間が生活するには適さないと思われる山地の頂上・斜面・丘陵に見つかっており、『逃げ城』や『狼煙台《のろし》』などの軍事目的の集落であった等、その性質をめぐって様々な議論が提起されている。
まず、高地性集落の分布は、弥生中期に中部瀬戸内と大阪湾岸に、弥生後期に近畿とその周辺部にほぼ限定されている。古墳時代前期には、西日本の広島・鳥取に、北陸の富山・石川・新潟に分布する。しかし、北部九州にはみられない集落である。具体的には、香川県三豊市詫間町の紫雲出山《しうでやま》遺跡《いせき》（標高三五二メートル）、同県高松市岩清尾山《いわせおやま》古墳群《こふんぐん》（標高二三二メートル）、愛媛県西条市の八堂山《はちどうやま》遺跡《いせき》（標高一九六・五メートル）、瀬戸内海に浮かぶ男鹿島《たんがしま》の山頂にある兵庫県飾磨郡家島町大山神社遺跡（標高二二〇メートル）、神戸市伯母野山遺跡（標高一三〇メートル）、同県芦屋市会下山《えげのやま》遺跡《いせき》（標高一八五メートル）、同城山遺跡（標高二五〇メートル）、岡山市貝殻山遺跡（標高二八四メートル）、柏原市高尾山遺跡（標高二八〇メートル）などがある。集落遺跡の多くは平地や海を広く展望できる高い位置にあり西方からの進入に備えたものであり、焼け土を伴うことが多いことから、狼煙の跡と推定されている。遺跡の発掘調査からは、高地性集落が一時的というより、かなり整備された定住型の集落であることが判っている。また、狩猟用とは思えない大きさの（注：つまり人を殺すためと思われる）石鏃（石の矢尻）も高地性集落の多くから発見されている。」

（「ウィキペディア」「高地性集落」より）

九州の戦い

高地性集落は弥生中期に中部瀬戸内と大阪湾岸に、弥生後期、つまり倭国大乱のあった時期には現在の大阪府、和歌山県などにほぼ限定されているのだが、それは遠隔地からの侵攻に対する備えが、瀬戸内海の西方から東方へと、時を追って移っていったということである。つまり、侵略者は西から来たのだ。瀬戸内、近畿を攻めた後、古墳時代前期、言い換えると、卑弥呼よりも後の時代には鳥取を攻め、また、北陸の富山・石川・新潟を攻めた。

なお、弥生中期でなく、それよりも時代の進んだ古墳時代前期に広島に高地性集落が再び見られる要因は特殊である。それが広島県北部に限定されるのであれば、鳥取などの山陰の戦乱の影響が考えられるが、南部の広島湾岸に多くの遺跡があり、この地域では戦乱の影響というよりも瀬戸内を往来する船舶との狼煙を使った交信や交易などの関係が考えられる。私の仮説が破綻していないことを確認するため、少々寄り道することをお許し願いたい。

「高尾山遺跡は上平良《かみへら》（注：広島県廿日市市）の極楽寺山から南に伸びる舌状尾根上（標高二六〇～二六七メートル）にあり、平良地区及び広島湾一帯が俯瞰できる高所に位置する。大量の弥生土器を採集する。土器片の分布範囲は判明しているだけでも南北約二百メートルの範囲の西斜面にみられる。採集した土器や試掘で出土した土器には壷、甕、鉢、碗、器台型土器や糸を紡ぐ紡錘車（はずみ車）などがみられる。

高尾山遺跡の周辺には、多くの高地性集落が見られる。

堤上遺跡・広池山1号遺跡・広池山2号遺跡・上広池遺跡・河野原1号遺跡・河野原2号遺跡・河野原3号遺跡・河野原4号遺跡・河野原5号遺跡・長尾山遺跡・丸小山遺跡・黒岩遺跡・長野（風呂谷）遺跡・長橋遺跡・長谷遺跡・長谷1号遺跡・寺ケ迫遺跡・寺ケ迫2号遺跡・東岡迫遺跡・国実遺跡・杉之谷遺跡・極楽寺山23丁遺跡・北山遺跡・ごごろ山遺跡・王子山遺跡・大平遺跡・泰蘭寺遺跡・桃山遺跡・鎮神原遺跡・大幸貝塚・長尾貝塚・宮迫貝塚

上記の遺跡分布図（http://www2u.biglobe.ne.jp/~n-fuji/sub115.htm）は、廿日市の埋蔵文化財の資料に見ることができる。」

（http://o-mino.la.coocan.jp/page442.html より）

高尾山遺跡とその周辺の遺跡群には、軍事的緊張に対峙するための施設がみられない。出土遺物が低地に立地する一般集落と差がみられないことから低地性の遺跡と同様の生活を営んでいたと思われる。このことは、平安時代以降のこの地域の経済的特色、つまり、「宮島」を中心とした交易が弥生時代後期に芽吹いていたことを示している。

具体的に見てみよう。
高尾山遺跡の南には「安芸の宮島」が鎮座する。
宮島の主峰は弥山《みせん》で、その山頂の真北にあるのが「厳島神社」、大野の瀬戸を越えて、その真北にあるのが厳島神社の外宮である「地御前《じごぜん》神社」、さらにその真北に位置するのが極楽寺山の頂上付近に天平三（七三一）年に僧行基が開山し、聖武天皇が建立したとされる「極楽寺」である。

つまり、弥山山頂、厳島神社、地御前神社、極楽寺は北に向かって一直線上に並んでいるのだ。これらは、弥山山頂を起点として、航海の安全を祈る船乗りたちの信仰の対象である「北極星」に向かって意図的に連なった施設として作られている。公式には市杵島姫命《いちきしまひめのみこと》など三柱を祭神とする厳島神社だが、船乗りたちにとって宮島は航海の安全を祈る信仰の島だった。「ウィキペディア」の「厳島」によると「弥山中腹からは古墳時代末以降の祭祀遺跡が発見されており、弥山に対する山岳信仰はこの頃始まったものと考えられている。」と書かれており、宮島がこのころには信仰の島となっていた。山岳信仰と船乗りたちの信仰、これらが相まって後の飛鳥時代（推古天皇元〈五九三〉年）とされる厳島神社創建へと繋がっていった。これらの施設が連なる経度は、東経一三二度一九分である。一度、地図に定規を充てて確認していただきたい。

古墳時代前期には、広島湾周辺は戦乱が終息し、地域の平和がもたらされていた。宮島周辺は瀬戸内海航路の重要地点として、多くの船舶が航行していた。船舶の航行の道標、灯台として、極楽寺山周辺をはじめ、広島湾一帯の山の中腹には狼煙台や見張り所が数多く設けられていたのではないか。あたかも、弥生時代中期の高地性集落のように。宮島は航路の中継地、港町としてにぎわい、また、山岳信仰をはじめとする信仰の島であったのが、平清盛によって厳島神社が建立されることによって交易と信仰の中心地として、ますます発展していった。そのはしりは古墳時代前期のこうした遺跡群として見ることができるのだ。

話を戻そう。

高地性集落は北部九州には見られない。それは、北部九州はよその地域よりも早期に強力な外敵に襲われ、比較的短期間に外敵に征服されてしまったことを示している。

どこが侵攻し、征服したのか。それは、『古事記』、『日本書紀』の神武東征の筋書きの通りで、『日本書紀』に「邇邇芸命《ににぎのみこと》が竺紫の日向の高千穂の久士布流多気《くしふるだけ》に天降りまさしめき」と記述された、南九州、日向あたりの国である。

つまり、戦争があった可能性を示す考古学事実がほとんどなく、環濠集落の見られない南九州で発祥した武力に秀でた国が北上し、豊かな農地の広がる北部九州に侵入、比較的短期間に征服したのだ。南九州は北部九州に比べて山地が多く、農地に適した平地が少ない。また、火山性噴出物のシラスの分布地域が鹿児島、熊本、宮崎と広がっており、水はけが良すぎるため稲作には不向きなうえに栄養分も乏しく、農業生産性は低かった。豊かな農地が広がる北部九州の光景を見た貧しい国の王には、この豊かな地域を支配したくなる動機が十分にあっただろう。南九州には鹿児島地方の国々もあったが、『古事記』、『日本書紀』の建国の筋書きは、史実をもとにしたものである可能性が高く、それを根拠としたい。薩摩地方、大隅地方などの可能性もあるが、その根拠となるものは何もない。逆に、日向あたりの国に、北部九州が攻められるまでに南九州が征服されていた可能性もある。他国を侵略しようとする国は、本国がその隙を突かれることがないよう、後顧の憂いの無きを期すものだ。

南九州と北部九州の間には、阿蘇山、九重山をはじめとする九州中部の山々が立ちはだかり、特に日向周辺と北九州とでは陸路の交流は困難だったろうと思われる。海路は、東回りは関門海峡と豊後水道が行く手を阻み、西回りは九州南端の大隅半島と鹿児島半島、西端の長崎を迂回して回り込まなければならない。そのため、経済的結びつきは弱く、人々の交流が活発でなかったため、日向周辺の軍勢が海路北上して侵攻するかもしれない、という情報の取得は極めて困難だったろうと思われる。

中国大陸では、北方民族が万里の長城を越えて長い年月にわたり、何度も南の農耕地帯に侵入し、秋の収穫物を略奪していった。「天高く馬肥ゆる秋」という言葉ができた所以である。モンゴル族のクビライが中国を統一して元朝を築いたのと同様に、南九州勢は北九州に侵入し、九州を統一した。

農業生産性が低く、よその地方で産出できない特産品（例えば、新潟県糸魚川産のヒスイなど）のない地域に住む貧しい人々が、豊かな暮らしを手にするには、どうすればよいのだろう。

弥生時代はまだ貨幣経済が営まれておらず、物々交換が経済の原則だった。

経済の原則は、自分たちが作った物、山や海で採れた物、それに、考えたくないことだが、生口、奴婢などの奴隷身分に落ちていった人々と、自分たちが必要なものとを物々交換で手に入れることだが、そうした交換できる物資がなければどうすればよいのか。それは、欲しい物をもらう、借りて返さない、奪う、の三つの方法しかない。

「貧しい」とは、余剰がないこと、余裕がないことで、生きることに精一杯な状態を指す。当然、交換に出せる物資どころか、日々の糧に不足があるので、わずかな余剰を吐き出してしまうと交換の場、市場にも入れず、欲しい物、必要な物資は入手できない。欲しい物をもらうことができず、借りることができなければ、あとはあきらめるか奪うしかない。

貧しい国が他国の富を奪おうとすれば、方法は二つある。一つは中国大陸の北方民族のように、ゲリラ戦で豊かな集落を襲うこと、もう一つは密かに軍備を整え、総力戦を挑むことだ。ゲリラ戦は相手の反撃や、相手からの侵攻を呼び込むことになり、貧しい国にはかえって国を滅亡に向かわせる可能性がある。総力戦では、食糧などは初めから足りないのだから、武器はしっかり用意し、兵士の人数をできる限り確保したうえで、その他の必要な物資は戦場での現地調達になる。まさに、死に物狂いの国の存亡をかけた戦争になる。

九州では、この総力戦が行われた。

この考えに反対する人もいるだろうから、考え方を変えて、北九州の国が九州を統一した、と考えたらどうだろうか。

北九州の国は、農業生産力だけでなく、大陸との交易や海路を通じた全国各地との交易も行っており、武力によって貧しい南九州などを攻め、国土の拡大を図る必要がなかった。周囲の国々が農地を荒したり、収穫物を略奪したりして国の安定・安全が侵されない限り、対外戦争を行う必要がなかった。南九州とは阿蘇山などの山々に遮られ、陸路での略奪などは起こらなかったので、特別な警戒は行わなかった。武力侵攻により得られるものより、外交関係を安定させ、経済活動を盛んにするほうが利益が大きいのだ。貧しい国々を攻めて支配下に置いてもしかたがない、という状況だった。

経済的に豊かな国が軍事力も強い、というわけではない。ヨーロッパでは、地中海を囲む広大な領地を誇ったローマ帝国が、ゲルマン人に荒らされ滅亡したのが好例だ。九州でも同様な侵略戦争が行われた。

北部九州の周辺には、南九州の勢力以外に、中国地方西部、今の山口県の国々、四国の国々、海を渡って対馬国、朝鮮半島の国々があり、そうした国々の侵攻の可能性も考えられるので、その可能性を一応検討してみる。

今の山口県の国々とは、関門海峡を、四国の国々とは豊後水道を越えて互いに活発な交流があったはずなので、情報も迅速に伝わっており、互いの国力を理解しあえる状態だった。そうした状況で不意の侵攻を図ることは難しかろう。また、海を隔てているので、水争いや、境界をめぐる争いとも縁がなく、良好な関係が築かれていただろう。

対馬国は、先ほどもみたように、農業生産力が弱く、漁業を主産業にする貧しい国だった。彼らは、穀物などの農産品の不足分を得るためには、九州、朝鮮半島との良好な交易関係を維持しなければならなかった。そして、海峡を渡る航海術には長けていただろうが、大量の武器を調え、他国に侵入するほどの経済力、軍事力はなかった。

朝鮮半島諸国は、古来から北方諸民族、大国中国の度重なる侵攻を受けており、国土の防衛と近隣諸国との攻防に精力を消耗していた。国防に兵力を割いたうえで、海外派兵を図る余力のある国があるとは考えられない。また、北方からの強力な圧力に屈して、一つの国が海へと逃げ出し、北部九州に武装難民のように押し寄せ征服した、ということも、考古学的事実としては見られない。

こうした周辺諸国の情勢を見ると、北部九州は南九州の日向周辺の国の侵攻を受けて征服されたと判断することが合理的である。

この考え方を補強するために参考になるのが、規模が大きく遺跡・遺物が豊富な九州北部、佐賀県にある吉野ヶ里遺跡である。

【吉野ヶ里遺跡】

「吉野ヶ里遺跡は、佐賀県神埼郡吉野ヶ里町と神埼市にまたがる吉野ヶ里丘陵にある遺跡で、国の特別史跡に指定されている。」

「およそ五十ヘクタールにわたって残る弥生時代の大規模な環濠集落跡で知られる。吉野ヶ里遺跡の最大の特徴とされるのが集落の防御に関連した遺構である。弥生時代後期には外壕と内壕の二重の環濠ができ、V字型に深く掘られた総延長約二・五キロメートルの外壕が囲んでいる範囲は約四十ヘクタールにもなる。壕の内外には木柵、土塁、逆茂木といった敵の侵入を防ぐ柵が施されていた。また、見張りや威嚇のための物見櫓が環濠内に複数置かれていた。大きな外壕の中に内壕が二つあり、その中に建物がまとまって立てられている。北の集落は北内郭、南の集落は南内郭と命名されている。」

「多数の遺体がまとまって埋葬された甕棺、石棺、土坑墓は、住民や兵士などの一般の人の共同墓地だと考えられている。発掘された甕棺の中の人骨には、怪我をしたり矢じりが刺さったままのもの、首から上が無いものなどがあり、戦いのすさまじさが見てとれる。」

（「ウィキペディア」「吉野ヶ里遺跡」より）

これらの傷ついた人骨は、いつ頃、甕棺に納められたかによって、おおよその年代が推定でき、甕棺からの編年によると、弥生中期の紀元前一〇〇～紀元一〇〇年あたりとされている。

このころ吉野ヶ里は侵略され征服された。しかし、集落を囲む環濠は埋め戻されることなくその後も利用された。戦争に敗れたとはいえ、周辺諸国に比べて北部九州の農業生産力は優れており、凶作によって飢饉が発生し、飢えた人々が襲撃してくる事態や、日照りが続いた時の水争いなど、治安が不安定になったときに備え、吉野ヶ里などの集落は常日頃から非常事態に備える必要があった。また、大規模な集落は、その地域の政治の中心であり、反乱が起これば襲撃の対象となる。そのため、弥生時代後期まで環濠の整備が欠かせなかった。農業生産力が上がればその農地の収穫物で養える人口が増加するので、集落の人口も増加していった。そのため、吉野ヶ里の面積は年とともに広がっていった。同時に集落を囲む環濠もより外側へと移っていった。その結果、「弥生時代後期には外壕と内壕の二重の環濠ができ、V字型に深く掘られた総延長約二・五キロメートルの外壕が囲んでいる範囲は約四十ヘクタールにもなる。」となった。

ここでもう一度、北部九州で発見された遺物、漢委奴国王印が発見されたときの状況を見てみよう。なお、以前も触れたが、奴国と倭奴国が同じ国なのか別の国なのかわかっていないので、両方を併記する。

「後漢の光武帝が建武中元二（紀元五七）年に奴国（倭奴国）からの朝賀使へ冊封のしるしとして賜った印が漢委奴国王印に相当するとされている。金印の出土地および発見の状態は詳細が不明であるが、筑前国那珂郡志賀島村東南部（現福岡県福岡市東区志賀島）と推定されている。江戸時代天明年間（天明四年二月二十三日〈一七八四年四月十二日〉とする説がある）、水田の耕作中に甚兵衛という地元の百姓が偶然発見したとされる。『一巨石の下に三石周囲して匣《はこ》の形をした中に存した』という。すなわち金印は単に土に埋もれていたのではなく、巨石の下に隠されていた。」

（「ウィキペディア」「漢委奴国王印」より）

金印は奴国（倭奴国）が後漢の光武帝から賜ったもので、奴国（倭奴国）の宝物の一つであったはずである。発見された状況に未確定なことが多いが、それが巨石の下に隠された状態で発見された、ということはほぼ間違いないだろう。長い間土中に埋もれていたにもかかわらず、また柔らかい金属の金でできているにもかかわらず金印に目立った傷が見当たらないからである。戦争がいつ行われたのか確認できないが、奴国（倭奴国）が戦争に敗れ、宝物を敵に奪われないよう巨石の下に隠匿した。近隣の国に敗れたのなら、近隣諸国には奴国（倭奴国）が金印を所蔵していることが知られていただろうから、関係者への拷問なり、周辺の調査なりで探索されただろうが、それを知らない遠隔地からの侵略なら、関係者の死亡や拘束により、埋蔵されたままになったであろう。文字通りの「埋蔵金」である。

　これらのいくつもの状況証拠から、南九州発祥の国が九州北部を征服したと私は考えている。時期は、「建武中元二（五七）年後漢の光武帝に倭奴国が使して、光武帝により、倭奴国が冊封され金印を綬与された」という倭奴国の記録から、紀元五七年よりも後である。そして、紀元一〇七年に後漢に帥升《すいしょう》という王が生口百六十人を献じ、安帝に謁見を請うた、と『後漢書』「東夷伝」にあり（注：原文は「安帝永初元年　倭國王帥升等獻生口百六十人　願請見」）、私の推測であるが、北九州を征服した国の王、帥升（後漢に対して名乗った中国風の名前であり、和国での本当の名前は不明）が後漢との交易を図ろうとしたのではないか。であれば、紀元五七年から一〇七年までの五十年の間に南九州発祥の国が九州北部を征服したことになる。なお、その国名であるが、『翰苑』「蕃夷部」「倭国」の条には「倭面上國」、北宋版『通典』には「倭面土國」、『唐類函』の「百十六巻」の「邉塞部一」の「倭」の条には「倭國土地王」などとあり、『後漢書』「東夷伝」の当初の記載がどうであったのか不明である。そのため、正しい読み方もわからない。

奴国（倭奴国）は後漢の光武帝から金印を賜っていた。漢の印綬制度では印の材質では上から順に玉《ぎょく》・金・銀・銅で、綬の色は多色（皇帝で六色）、綟《れい》（萌黄《もえぎ》）、紫、青、黒、黄となる。漢代で諸侯王は内臣の場合は金璽綟綬《きんじれいじゅ》が授けられるが、外臣で王号を持つ者は金印紫綬となる。奴国（倭奴国）王が賜ったのは銀印や銅印ではなく金印紫綬である。ということは、奴国（倭奴国）王は後漢から和国を代表する王と認知されていたということができ、九州北部の諸国をほぼ統一していたのではないか。小国が併存している状態の北部九州の一国に金印紫綬を授けるとは思えないのである。授けるとしたら銀印か銅印である。もしも、小国分立状態の北部九州の一国に金印紫綬を授ければ、他の国々も我も我もと朝貢を試みただろう。いと国のように『魏志倭人伝』の書かれた三世紀に王がいる国があったが、九州北部は奴国（倭奴国）が最大の勢力で、統一国家に近い状態になっていたのではないか。その北部九州の最大勢力も南九州からの侵略者に敗れたのだ。

奴国（倭奴国）を破った帥升が治める国が後漢から印綬を賜ったという記載がない。後漢にとってその国は領地を広げつつある新興勢力の一つでしかなかったのだろう。

ここまで私の仮説を述べてきたが、これから先も仮説を続ける。

瀬戸内の戦い

九州全土を掌握した国は、征服した国々（注：『魏志倭人伝』の「国」は王が支配する国家の意味でなく、つま国、とま国のように集落、経済的・政治的結びつきのある地方の意味で使われている。私もその意味で「国々」と表現する）を統治下に置いたうえでその統治機構を整え、敗れた国々の軍を配下に加えてさらに力を蓄えた。しかし、それは、中国、四国の国々に不信感を醸成させ、新たな軋轢を生んだ。それまで北九州の国々は、周辺諸国と安定した関係を築いていたが、南九州勢に敗れ、滅びた。それまでの安定した外交関係を保っていた国が侵略され、滅びたために周辺諸国は九州の新しい王との外交関係の構築に二の足を踏んだ。治安への不安から民間レベルでの交流も細ってしまい、それまでの輸入品が入りにくくなり、九州の特産品の輸出も困難になった。

この時期の北九州の交易の状況をインターネットの「弥生ミュージアム　第五章　4交易・租税」で見てみよう。

「この時期、北部九州地方では福岡県の今山産（注：福岡市西区、今山遺跡）の石斧と立岩産（注：飯塚市、立岩遺跡）の石包丁が、東は豊前、西は佐賀平野、南は熊本県の宇土半島まで、広く一円に流通する状況が出現します。」

「紀元前百八年に中国の前漢王朝が朝鮮半島に出先機関である楽浪郡を置きます。このことに関連するのか、それまで朝鮮半島製が主だった北部九州地方の墳墓の副葬品にこの頃より中国大陸製の鏡や武器などの青銅器が見られるようになります。また、奄美大島や沖縄の珊瑚礁に生息するゴボウラやイモガイという大型の巻貝を加工し貝殻製の腕輪や、新潟県糸魚川産のヒスイなども北部九州地方や近畿地方など西日本の遺跡で発見されていますこれらはほとんどが墓の副葬品や特定身分の人々の装飾品であり、威信材の交易がますます盛んになったことが窺えます。」

「特定の産地の石材や石器が広い地域に分布する状況は縄文時代にもありましたが、加工度の低い縄文時代の石材流通に比べ、今山産の石斧、立岩産の石包丁は原産地での製品化が高いことが特徴です。同じ時期、近畿地方ではやはり石器の材料となる二上山産サヌカイトの流通圏が成立します。」

（「弥生ミュージアム　第五章　4交易・租税」より）

ここに紹介したのは、石斧、石包丁など、遺跡から出土する物だけであるが、対馬国のところで見たように、消費財も活発に物々交換していた。

社会の豊かさは、農業生産力だけでなく、その地方では生産できないものがどれだけ得られるかも大きな要因になる。

人一人が一年間に食べる米の量は約一石である。そして、一石の米を収穫できる土地の面積が江戸時代では約一反である。飛鳥時代に始まる口分田は、六歳以上の男性へ二段（約二・四反）、女性へはその三分の二（約一・六反）が支給された。収穫した米から約三パーセントの租を納めなければならないので、農民に一人一石の米が残るように租の負担割合が決められていたとしたら、飛鳥、奈良時代の生産性は江戸時代と比べるとかなり低かったようだ。弥生時代の稲の生産性はわからないが、わかりやすい例えにするために、かりに一石の米を生産するのに一反の土地が必要だとすると、もし、一石の米を収穫するのに二反の土地が必要な痩せ地を耕さなければならないとしたら、農民の労働負荷は二倍になる。そのうえ、一人の農民が生産する石高が少ないので、余剰農産物もわずかしか得られない。王たち一族が消費してしまうと、交易に回せる米もなくなってしまう。反対に肥沃な農地は一反の土地から一石以上の収量が得られ、年貢を納めた後の余剰が得られる。

北部九州は余剰農作物が豊かなため、石斧、石包丁、青銅器などの職人が専業で生計を立てることができたであろう。専業で生産に携われば、生産性が高まるとともに、創意工夫を職人たちが競って行うようになり、品質も高まっていく。集落内、あるいは地域でいろんな仕事を分担し合うという意味での分業制が発展していっただろう。集落内で製品の物々交換を行うだけでなく、他国との交易も行った。彼ら職人たちは農業に携わらなくても必要な食糧や生活物資が十分に得られたであろう。交易が盛んになれば、他国からの来訪者も増え、より豊かになる。王もそうした価値の高い製品との交換で、ヒスイの勾玉や黒曜石の石鏃など、その地で製造できないものを得ることができた。また、集落を守る兵士を多く抱える余裕も生じただろう。現在でも自由貿易は世界経済の発展に寄与しているが、弥生時代においても余剰と不足のバーターは相互に経済的メリットをもたらしていた。

南九州勢が目的とした、そうした経済的な利益を得るという目論見の一つが、武力侵攻という周辺諸国間の信頼関係の破壊によって、大きく外れた。九州を統一した国は、先ほど触れたように、後漢に生口を贈って国交を求めたり、中四国の国々に使節を送り、外交・経済関係の修復に努めただろうが、和国内においては北部九州を侵略し、その国々を滅ぼした不信感の払拭までには至らなかった。逆に、次は我々が侵略のターゲットになるのではと疑心暗鬼を生じさせた。外交の無力を実感した南九州の勢力は、周辺諸国との力ずくの交易関係の修復、つまり周辺諸国が危惧した武力による解決に乗り出した。

南九州の王は、北部九州の豊かな大地を手に入れることができた。

しかしそのために、周辺諸国との自由貿易を破壊してしまった。自由貿易によって得られる利益も戦争の目的に含まれていたので、当てが外れた。

そのため、次の政策目標は、支配地域内外の経済の活発化、経済的豊かさの構築となり、自由な交易を阻害する要因の排除に努めた。しかし、外交努力は実を結ばず、新たな方針を検討した。自由貿易を阻害する勢力は倒さなければならないと。そして、新たな戦争が始まった。

弥生中期、九州勢は瀬戸内を海路東上し、中、四国の近隣諸国への侵攻を開始した。海路としたのは、『魏志倭人伝』のつま国、いき国、まつら国のくだりに見られるように、当時の陸路はほとんど未発達で、多くの兵士が行軍するには不便であったろうと思われるからである。今の山口県や四国の瀬戸内沿岸の国々は、北部九州の異変を受けて国交を絶つとともに戦争に備えたのだろうが、十分な戦力を蓄えた九州勢に次々と敗れ、降伏していった。九州勢の侵攻は、戦争当事者以外のその周辺の国々との軋轢を次々と生んでいった。西瀬戸内地方での九州勢の侵略と勝利、その強さは、中部瀬戸内、大阪湾岸へと伝わり、九州勢への備えが各地で行われた。おそらく、西瀬戸内地方で環濠集落は十分な防御力を発揮できず、敗れていったのだろう。各地の集落はより強力な防衛能力が必要とされ、西方からの攻撃に備えた高地に集落を移していった。狼煙の跡も見られることから、各集落間で狼煙による通信も行った。

九州勢の当初の戦争の目的である近隣諸国との経済関係の回復は、逆に国家間の秩序を破壊し、地域を不安定化させて、自由な経済活動をさらに困難にした。経済の活発化のためには、平和の回復、政治的安定が不可欠であり、そのことが戦争の目的に転化し、九州勢に従わない国は武力で制圧せざるを得なくなった。戦争の目的が、戦争のない社会、平和な社会を作ることになった以上、勝つか負けるかの戦いが、敵がいなくなるまで続かざるを得ない戦国争乱の状態になったのである。一つ一つの戦場で勝利するごとに新たな敵が現れ、際限のない泥沼状態になった。

戦争はゆっくりと、しかし確実にその戦線を東へ、東へと移していった。後方からの支援と、強大な軍事力により、それぞればらばらに独立している小さな国々は、それまでの水や領地を巡る攻防や未解決の問題などのいがみ合いを棚上げして、相互に同盟を結ぶなどの対策を採っただろうが、いずれも各個撃破されていった。

時期はわからないが、先に見たように、朝鮮半島との交易の中継地である対馬、壱岐も攻め、対馬国といき国は王のいない国となった。

こうして、九州勢は紀元二世紀ごろ、弥生時代後期には瀬戸内の山陽、島嶼、四国沿岸から大阪湾岸までを支配下に置いた。奴国（倭奴国）が後漢の光武帝から金印を賜った紀元五七年から後漢に帥升が生口百六十人を献じた紀元一〇七年までの五十年の間のいつかの時点から二世紀というと、だいたい五十年から百年くらいの期間である。中世の戦国時代の信長から家康までの期間と比べるとかなり長い。これは、瀬戸内海沿岸部の国を従えた後、そこを起点に内陸の国々に攻め込み、一歩一歩、芽を出した種が四方へ根を張っていくように、内陸部へと支配地を拡大していったからではなかろうか。おそらく、戦国時代と比べ、軍隊の規模、武器、陸路・海路の整備状況や、この当時はまだ馬が日本列島におらず、兵站を担う輸送手段などが後の時代よりも劣っていることから、占領地の安定化と戦力化を図りながら国を拡大していったのだろう。また、占領地や九州での反乱、武装蜂起にも対処しただろう。こうした、国家の統治機構の整備を進めながらの東進であった。九州勢の王と家臣、その一族は前線またはその後方の拠点で軍の指揮を執り、移動していった。それにより、女王国にみられた地方に官と鄙守を置いて地方を統括する方式が生まれ、発達した。いと国のように王がいる国もあった。九州勢の侵攻に、抵抗せず九州勢に積極的に加わった国もあったのだろう。彼らは九州勢の王に臣従することを条件に臣下に加えてもらった。王の去った九州は全域が九州勢にとって地方となり、国の統治機構本体は戦線の移動とともに東へ移っていった。

弥生時代の中期から後期にかけての五十年から百年くらいの期間というと、当然のことであるが、東進を指揮する王の死去などで、指導者の交代が行われた。侵略戦争の最中で、国の周囲には多くの敵がおり、スムーズな交代が求められた。血縁者にこだわらず、力のあるナンバーツーが代々後継者になっていったのではないか。

それでは頭を切り替えて、九州勢が東進の途中で戦争に敗れ、逆に九州勢を破った勢力がその後の主役となって、近畿までを統一した、という可能性はどうだろうか。これはまずあり得ないだろうと思う。というのも、個々の戦いでは九州勢を破り、敗退させることはあっただろうが、九州勢に匹敵するような巨大勢力として考えられるのは、山陰の出雲の国と巨大な墳丘墓を造った吉備の国だが、高地性集落の状況から、九州勢は中国山地を越えて出雲の国までは進出しておらず、また、吉備の国はこの時期、どれくらいの勢力だったか不明であるが、高地性集落が築かれていった状況などを見ると、九州勢を凌駕するような大きな軍事力を持っていたとは思えない。

また、九州勢の東進は遺跡の状況から確認できるが、弥生時代後期になって、戦線が西にも向かったような遺跡や遺物はみられない。

やはり、九州勢が瀬戸内沿岸を支配下に置いていったのだ。

こうして、倭国大乱の時期、弥生時代後期になると戦場は近畿地方となる。大阪湾岸より東には九州勢と拮抗する強力な勢力があった。

両勢力の軋轢が次第に高まり、両者は衝突した。衝突するまでの睨み合いの期間がどのくらいであったかはわからない。数カ月か、数年か、この時期の高地性集落をはじめとする遺跡の分析が必要だ。いずれにしても、両者は開戦した。『魏志倭人伝』のいう「倭国乱」、『後漢書』にいう「倭国大乱」の始まりである。数十年もの間戦争が続き、九州勢も大きな犠牲を出したが、近畿の勢力が最終的に敗れ去った。この時、近畿勢とともに姿を消したのが銅鐸である。

【銅鐸】

「銅鐸は、大きなベルのような形状の青銅器で、祭器の一種であったと考えられている。出土する地域は、近畿地方を中心に広く分布しているが、ほとんどの場合、居住地から離れた地点に意識的に埋められた状態で発見される。また、銅鐸は、銅剣や銅矛に匹敵する弥生時代の代表的な製作物であるが、『古事記』『日本書紀』などの古文献には、全く記載されていない謎の青銅器である。」

（「ウィキペディア」「銅鐸」より）

なぜ記載されていないのだろうか。まず始めに指摘しておきたいのは、文字のない時代だったこと。銅鐸を隠匿したことは記録されず、人々の記憶の中で子孫へ伝承されないまま消えていった。そして、もう一つは銅鐸が近畿を中心とした勢力の祭器であったことである。

九州勢力の祭器は銅鏡であった。

「弥生時代の中期、北部九州では、甕棺墓に前漢鏡が副葬されるようになった。銅鏡は宝器として珍重され、後期になって副葬され始めるようになった後漢鏡は、不老長寿への祈りを込めた文が鋳出され、その鏡を持った人は長寿や子孫の繁栄が約されるというものだった。」

（「ウィキペディア」「銅鏡」より）

九州勢は、近畿勢の村々を占領すると、自分たちの宗教観と一致しない祭器である銅鐸を破壊していった。銅鐸の原料の青銅は貴重な金属であり、鏡や矛の材料でもある。破壊された銅鐸は鏡や矛に再生されたのではないか。近畿勢の村々、国々は、九州勢に敗れ、敗退あるいは降伏するときに九州勢に銅鐸を破壊されないよう、発見が困難な、村を外れた丘陵の麓、あるいは頂上の少し下あたりの土中に埋めた。九州勢は占領後、自分たちの宗教を強制し、近畿勢の宗教儀式、祭礼などは行われなくなり、隠匿された銅鐸はついに掘り出されることなく人々から忘れ去られていった。

もし、この数十年にわたる戦乱で近畿勢が勝利していたら、銅鐸が銅鐸文化圏から完全に葬られてしまうことなく、その後も宗教祭器として使われ続けたことだろう。近畿勢は敗れ去り、銅鐸文化も消え去った。

銅鐸文化圏から外れた九州でも、銅鐸や銅鐸の鋳型が発掘されている。しかし、それはよその地域とは異なり、発見が困難な場所からでなく、遺跡から発見されており、隠匿されたわけではない。禁止されたから隠したということではないのだ。

鳥栖市の安永田《やすながた》遺跡で銅鐸の鋳型が発見されている。

安永田遺跡は、弥生時代中期の後半から末にかけての遺跡で、銅鐸鋳型五点、銅矛鋳型五点の計十点の鋳型片が、一括して国の重要文化財に指定されている。谷底にもっとも近いところから青銅器の原料を溶かしたと思われる炉の跡が見つかっているが、銅鐸本体は出土していない。この遺跡は、弥生時代中期の後半から末にかけてのものであり、北部九州が統一された時期である。それまでは、北部九州は周辺各国と交易を行っており、山陰などの銅鐸文化圏への輸出用に銅矛などと一緒に銅鐸を製造していたが、南九州勢の北部九州征服とともに対外関係は急速に悪化し、輸出がストップした。そのため、銅鐸は製造されなくなり、鋳型だけが残されて、銅鐸そのものは遺跡から発掘されていない。この地方で銅鐸を宗教祭器として利用していたわけではないのだ。

このほか、吉野ヶ里遺跡では銅鐸一個と銅鐸の鋳型が発見されている。

「埋められた時期は弥生時代終末（三世紀）が上限と推定される。発見された銅鐸は島根県で出土したといわれている『木幡家所有銅鐸』と同じ鋳型で作られた兄弟銅鐸であることが判明した。」（出典：ＩＰＡ「教育用画像素材集サイト」http://www2.edu.ipa.go.jp/gz/）

（「邪馬台国大研究ホームページ／学ぶ邪馬台国／銅鐸の謎」より）

時期的には卑弥呼の時代、または、その後の時代である。当時、山陰では戦争が続いており、近畿からだけでなく、九州からも軍隊が派遣されていたと思われ、当時北部九州では銅鐸は見られなくなっていたので、珍しい宝物として持ち帰られたのだろう。出土した場所が吉野ヶ里遺跡の大曲一の坪地区の発掘調査現場であり、村外の発見が困難な場所ではない。ということは、派遣された兵士が戦利品として持ち帰ったものと思われる。ちなみに、九州で発掘されたと確認された銅鐸はこの一個だけである。

「それから約五百年後の七一三年、大和の長岡野で、銅鐸が発見されたとき、人々は、これをあやしみ、『続日本紀』は、『その制（形）は、常と異なる』と記している。」

（「ウィキペディア」「銅鐸」より）

この時代には、もう誰も銅鐸が過去にあったということさえも知らなかったのだ。

「倭国大乱」の結果、九州勢は九州から近畿勢が支配していた地域までを支配することになった。これまで九州勢と書いてきたが、言うまでもなく邪馬壹国のことである。邪馬壹国は、長い年月をかけて東進し、近畿勢との数十年にわたる戦いの結果、近畿までを支配することになった。

『魏志倭人伝』の女王国は、「其の国もまた元々男子を王として七－八十年を経ていた。」と書かれており、東進の期間の五十年から百年くらい、それに和国乱の数十年を加えた百年プラスマイナス数十年と比べると短い。帥升が後漢に生口を贈った紀元一〇七年から起算すればぎりぎりの年数になるが、この差異をどう解釈するのが合理的であろうか。

■東進する九州勢を邪馬壹国が破り、九州勢に代わって東進した。

その場合、先ほども検討したように、東進と同時に西進して九州を改めて征服しなければならず、そうした遺跡等は認められていないので、可能性は低い。

■九州勢の中から邪馬壹国の最初の王が現れ、権力を引き継ぐ形で建国した。

この可能性が一番高いと思う。

東征の途中で九州勢の王が死去した。女王国の初代の王は弥生時代後期の始めのころ九州勢の中で頭角を現しており、先代の王の子供が幼かったのか、いなかったのかわからないが、先代の遺志を継いで王となり、その一族の血統が代々後継者となっていったのではないか。これなら女王国の年数の短さが説明できる。後の時代のこうした事例を探すと、源頼朝没後に鎌倉幕府の実権を握った、執権の北条氏、織田信長没後に後継者となった羽柴秀吉がある。また、秀吉の晩年に五大老の一人であった徳川家康が秀頼の代になって豊臣家を倒して徳川幕府の基礎を築いたことも参考になる。どういう経緯で女王国の初代の王が権力を握ったのかはわからないが、こうした事例があるので、仮説としてはあり得るのではないか。

それでは始めに提議した、言葉の本来の読み方の検討に戻る。

「邪馬壹国」を「やまたいこく」と読んだのは新井白石が始めとされ、以後それが広まった。「邪馬壹国」は、和人が自分たちの国を発音した音に中国人が漢字を充てたものである。だから、「邪馬壹」は漢字三文字だから三音の言葉である。もし、「やまたいこく」に漢字の当て字をしたのなら「邪馬多伊」国のような四文字になったはずである。「邪馬壹国」の初めの二字は「やま」であるが、三字目は一字一音の原則では「たい」や「だい」とは読まない。『魏志倭人伝』の最古の写本では「壹」であり、のちの写本で「臺」に代わる。(注1)また、宋代の『太平御覧』の『三国志』を引用した箇所では「邪馬臺国」と「臺」を使っている。

さらに、和国に滞在していた帯方郡の使者が、『魏志倭人伝』の原稿となった紀行文を書いた時、どのように書いたかという問題がある。当時の漢字の字体は隷書が一般的であり、それを崩した字体が草書となった。南北朝から隋・唐にかけて標準となった書体が隷書を直線的に書いた楷書、それを崩したのが行書であり、この時代には楷書、行書は誕生していない。もしも、隷書でなく草書に近い崩し字で「邪馬□国」と書いたのならば、□は「壹」とでも「臺」とでも、どちらとも読める文字になっただろう。現在の活字で印刷した「壹」と「臺」でも、読んでいるうちにこんがらがってくる。日常使う用語や、中国の地名、人名、動植物の名前などは、前後の文脈から正しい文字が類推できるが、外国（和国）の国名だとそれができないので、書写した人物が読み間違えた可能性がある。古くからの日本のことばや地名から考えて、元の原稿には「臺」と書かれていた可能性が高い。それを、書写するときにそれに携わった人物が間違えた。もしそうであれば、その読みは、「臺」の音のひとつの「と」となる。「やまと」だ。ほかの音では地名、大和言葉にふさわしいものが見当たらない。やまと国は九州で発祥し、近畿に王都を置いた。そして、王都の地名が国の名の「やまと」後の「大和」になった。すなわち、『魏志倭人伝』の邪馬壹国の記事は、大和国、つまり、後の大和朝廷、さらには、現在の皇室に続く日本の建国の歴史のワンシーンを切り取ったものだったのである。

大和国は南九州で発祥し、九州統一後、瀬戸内海を東征し、近畿に至った。

注1　現存する『三国志（魏志倭人伝）』の版本では「邪馬壹國」と書かれている。『三国志』は晋の時代に陳寿（二三三—二九七）が編纂したものであるが、現存する刊本で最古のものは、十二世紀の宋代の紹興本（紹興年間〈一一三一—一一六二年〉の刻版）と紹熙本（紹熙年間〈一一九〇—一一九四年〉の刻版）である。一方、勅撰の類書でみると、宋代の『太平御覧』は成本が十世紀で現存の『三国志』写本より古いが、『三国志』を引用した箇所をみると「邪馬臺国」の表記が用いられている。『三国志』より後の五世紀に書かれた『後漢書』倭伝では「邪馬臺国」、七世紀の『梁書』倭伝では「祁馬臺国」、七世紀の『隋書』では俀国について「都於邪靡堆　則魏志所謂邪

馬臺者也」（魏志にいう邪馬臺）、唐代の『北史』四夷伝では「居于邪摩堆　則魏志所謂邪馬臺者也」となっている。これらの正史は、現存の宋代の『三国志』より古い写本を引用している。日本の漢字制限後の当用漢字、常用漢字、教育漢字では、「壹」は壱か一にあたる文字（ただし通常は壱で代用する）であり、「臺」は台にあたる文字である。表記のぶれをめぐっては、十一世紀以前の史料に「壹」は見られないため、「壹」を「臺」の版を重ねた事による誤記とする説のほか、「壹與遣，倭大夫率善中郎將掖邪狗等二十人送，政等還。因詣臺，」から混同を避けるために書き分けたとする説、魏の皇帝の居所を指す「臺」の文字を東の蛮人の国名には用いず「壹」を用いたとする説などがある。

（「ウィキペディア」「邪馬台国」より）

『臺』の文字は中国の時代ごとにより、また地方ごとにより異なる。昔は［də］と表現していた時もあった。「ト」「ド」の音韻の音節があるとすればこれに該当する。但し一般には「ダ」が主流であり、隋の時代に「ダイ」に変化し、それがそのまま今の日本の発音になり、中国ではその後に「タイ」と変化していった。

「台」であれば、「と」と読めるということに異論は無いようである。しかし、「臺」と「台」は異なる文字である。

「臺」を「と」と読む根拠は、例えば藤堂明保『国語音韻論』に、「魏志倭人伝で、『ヤマト』を『邪馬臺』と書いてあるのは有名な事実である」と記載されていることに求められているが、これはすなわち「邪馬臺＝ヤマト」という当時の通説に基づいた記述に過ぎないとする指摘がある。もしこの意見が妥当なら、漢和辞典の記載を根拠に「『邪馬臺』はヤマトと読める、『臺與』はトヨと読める」と言ったところで、大元にある通説の同義反復に過ぎないことになるが、「臺」の発音に関する中国語音韻論による議論はこの意見とは無関係である。また、そもそも『魏志倭人伝』には「邪馬臺」とは書かれておらず、「邪馬壹」（＝邪馬壱）と書かれており、前提からして誤っている。

邪馬臺（邪馬台）の発音をヤマドとする説がある。

魏志の編纂が後者二書に比べ大きく先行している。三書はいずれも『魏略』を元にしていると考えられる。『魏略』には他の書に引用された逸文が残っているが、そこには該当部分は存在しないため正確にはどう書いてあったのか不明である。

（「ウィキペディア」「台与」より）

乃共立一女子爲王名曰卑彌呼。事鬼道能惑衆。年已長大無夫婿有男弟佐治國。自爲王以來少有見者。以婢千人自侍。唯有男子一人給飲食傳辭出入居處。宮室樓觀城柵嚴設常有人持兵守衞

訳：乃《すなわ》ち共に一女子を立てて王と為し、名付けて卑弥呼と曰う。鬼道を事とし能く衆を惑わす。年已《すで》に長大なるも夫はなく、男弟有りて国を治むを佐《たす》く。王と為りしより以来、見ること有る者少なし。婢千人を以って自ら侍せしめ、唯男子一人有りて飲食を給し、辞を伝えて出入りす。居る処の宮室は楼観・城柵を厳かに設け、常に人有りて兵を持して守衛す。

女王ひみこについての文章であるが、「共に一女子を立てて王と為し」とはどういう意味だろう。近畿勢に勝利した大和国の王が逝去した。王には、戦争をともに戦った兄弟、息子、その他の親族、それに一族の有力武将たちが当然いただろう。彼らはみな長い戦争の年月を戦い抜き、生き残った勇将ばかりである。ともに戦うべき強敵がひとまずいなくなり王が逝去した場合、力の拮抗した有力者同士が自ら王になるために、武力で衝突しかねない状態になった可能性が高い。あたかも、織田信長が殺された後の清須会議のごとくである。武力衝突となると、大和国が四分五裂するだけでなく、周囲のいまだ服していない国々に足元を掬われるとも限らない状態になる。それを避けるため、諸将が一歩身を引き、身内の中で神に仕えていた女性を王とし、全員がそれに従うことで衝突を回避した。

ひみこが王になったのは和国大乱が収まり、それまで大和国（邪馬壹国）を率いてきた王が逝去したからである。桓帝・霊帝の治世の間（一四六〜一八九年）和国は大いに乱れた、とされており、紀元一九〇年前後に即位したのではないか。そのころ即位したとしたら、大和国が北部九州を攻めたと思われる紀元六〇年から一〇七年ころから数えてだいたい八十年から百三十年後である。近畿までの瀬戸内を東進した期間が五十年から百年くらいだとすると、近畿の争乱、「和国乱」の期間は三十年くらいとなる。

若くはないが王に取り立てられた女性は「ひみこ」と名付けられた（その前の名前はわからない）。「ひみこ」は大和言葉である。漢字を充てると「日巫女」。「鬼道を事とし能く衆を惑わす」とあるので、神、その中でも太陽神の巫女として神事を司り、神のお告げをもって国を治めた。身の回りには「婢千人を以って自ら侍せしめ」とあり、多くの女性たちが仕えていた。ただ一人の男子が飲食を給し、辞を伝えて出入りしていた。日巫女は国政の表向きに出ることはなく、弟が日巫女の言葉を伝える形で国政を執り行っていた。日巫女は先代の王の血筋、おそらく娘だろうから弟は王の息子のうちの一人だっただろう。身分としては女王の臣下であるが、女王は神に仕える巫女であり、国政には直接タッチしない。この体制の下で政治、軍事が執行されることにより、弟が国政全般に絶大な権力を持つようになり、多くの有力者を日巫女に従わせる形で支配下に置くことになった。その弟を日巫女は神の言葉でサポートした。日巫女は王とはいえ、自分の意のままに動かせる兵を持たず、神に仕えるだけの女王であったからこそ、私利に走らず、神の意向を受けて国のため、民のために身命を賭したのだろう。それにより、多くの兵を率いる有力者たちの信頼を弟とともに勝ち取ることができた。

先ほど「ひなもり」のところで「ひな」と「もり」が弥生時代から使われていた大和言葉だと書いたが、「ひみこ」の「ひ」(＝日)、「みこ」(＝巫女)も同じく弥生時代から使われていたことがわかる。これで、「やまと」などの地名を除き、「わ」「ひな」「もり」「ひ」「みこ」の五つの大和言葉が弥生時代以前からのものだと確認できた。

権力を持たない王が支配する国、そんな王国がこれまであっただろうか。

イスラム教の創始者ムハンマドのように、宗教指導者が国を統治することはあったが、強大な権力を持ち、他国を侵略し、占領した国の民には自分の教えである「イスラム教」を強制した。

民主主義が広まった現代では「君臨すれども統治せず」の考え方のもとに、主権在民の王国は多くあるけれど、民主主義が誕生するまでは「国王＝権力者、支配者」であった。

世界的にも、歴史的にも例のない王国が、ここに誕生したのだ。

当時、中国を中心とする多くの国々のうち、女性が王として半世紀余り君臨し、かつ、栄えている国は、周囲を見渡しても、過去にさかのぼっても、まったく無かった。この後の日本でも、女帝は、推古、斉明、持統などが出てくるが、男子天皇が成人するまでのつなぎであった。

日巫女のいた時代は、大陸は「三国志」の戦乱が続いており、大和国も国土の統一のための戦争を続けていた。そうした戦国の常識からして、大和国は、特殊というよりもなにか異様、異常な、あり得ない国だった。三国志の撰者の陳寿も好奇心を持ってこの点に注目し、「邪馬壹国」と書くべきところを、ことさら「女王国」と強調して書いている。陳寿が三国志を書く時の資料が「女王国」としていたからそのとおり書き写したのかもしれないが、「女王国」には注目したに違いない。例えば、伊都国は「女王国に属する」と、邪馬壹国よりも北方にある国の紹介で「女王国より北方にある国々は」と、「狗奴国は女王に属せず」と、国名よりも「女王」ばかりを唱えている。「邪馬壹国」とは一度しか書かれていない。作者のこうした視点も、意識して見てみると面白い。

この後、女王国から離れた島国の侏儒国、裸国、黒歯国の記載があるが、どれも国名が大和言葉でなく、根拠のある話とは思えないので省略する。

（省略した原文は「女王國東渡海千餘里復有國皆倭種。又有侏儒國在其南人長三四尺去女王四千餘里。又有裸國黒齒國復在其東南船行一年可至參。問倭地絶在海中洲島之上或絶或連周旋可五千餘里」）

日巫女の外交

景初三年六月倭女王遣大夫難升米等詣郡求詣天子朝獻太守劉夏遣吏將送詣京都。其年十二月詔書報倭女王曰。制詔親魏倭王卑彌呼。帶方太守劉夏遣使送汝大夫難升米次使都市牛利奉汝所獻男生口四人女生口六人班布二匹二丈以到。汝所在踰遠乃遣使貢獻是汝之忠孝。我甚哀汝今以汝爲親魏倭王假金印紫綬裝封付帶方太守假授。汝其綏撫種人勉爲孝順。汝來使難升米牛利渉遠道路勤勞。今以難升米爲率善中郎將牛利爲率善校尉假銀印青綬引見勞賜遣還。今以絳地交龍錦五匹臣松之以爲地應爲綈漢文帝著皂衣謂之弋綈是也此字不體非魏朝之失則傳寫者誤也絳地縐粟罽十張茜絳五十匹紺青五十匹答汝所獻貢。直又特賜汝紺地句文錦三匹細班華罽五張白絹五十匹金八兩五尺刀二口銅鏡百枚真珠鉛丹各五十斤。皆裝封付難升米牛利。還到録受悉可以示汝國中人使知國家哀汝。故鄭重賜汝好物也

訳：景初三年六月、倭の女王、大夫難升米《なしめ》等を遣わして都に詣り、天子に詣りて朝献せんことを求めしむ。太守劉夏、吏を遣わし将《ひき》い送りて京都に詣らしむ。其の年十二月詔書して倭の女王に報いて曰く「親魏倭王卑弥呼に制詔す。帯方太守劉夏、使いを遣わし、汝の大夫難升米、次使都市牛利《つしごり》を送り、汝献ずる所の男生口四人、女生口六人、班布二匹二丈を奉じ以て至らしむ。汝の在る所踰《はる》かに遠きも、乃ち使いを遣わして貢献す。是汝の忠孝、我甚だ汝を哀《いつく》しむ。今汝を以って親魏倭王と為し、金印紫綬を仮す。装封し帯方太守に付して仮授す。汝其の種人を綏撫《すいぶ》し、勉めて孝順を為せ。汝の

来使難升米、牛利、遠きを渉《わた》り道路に勤労す。今難升米をもって率善中郎将と為し、牛利を率善校尉と為し、銀印青綬を仮し、引身労賜して遣わし還す。今絳地交龍の錦五匹、絳地縐粟の罽十張、蒨絳五十匹、紺青五十匹を以って汝献ずる所の貢直に答う。又特に汝に紺地句文の錦三匹、細班の華罽五張、白絹五十匹、金八両、五尺刀二口、銅鏡百枚、真珠、鉛丹各五十斤を賜う。皆装封し難升米牛利に付す。還り到らば録受し、悉く以て汝国中の人に示し、国家汝を哀しむを知らしむべし。故に鄭重に汝に好き物を賜うなり。」

日巫女が女王になったのが一九〇年ごろで、それから四十九年くらい後の景初三（二三九）年（景初二〈二三八〉年とするものもある）女王日巫女は帯方郡に大夫なしめらを遣わして魏への朝貢を願い出た。日巫女が即位して五十年近く経っており、もはや、かなりの高齢であったろう。太守の劉夏は一行を魏の都洛陽に案内させた。これにより、日巫女は親魏倭王とされ、金印紫綬を賜ったが、「帯方太守に付して仮授す。」と書かれており、帯方郡の太守が仮に預かった。なしめは率善中郎将となり、ごりは率善校尉となり、銀印青綬を賜った。そのほか銅鏡百枚など多くの金品を賜り、帰国した。このとき賜った銅鏡百枚がいわゆる「卑弥呼の鏡」とされる三角縁神獣鏡である。

「三角縁神獣鏡は日本の古墳時代前期の古墳から多く発掘され、既に五百四十面以上も検出されている。面径は平均二十センチ程度。鏡背に神獣（神像と霊獣）が鋳出され、中国、魏の年号を銘文中に含むものも多くある。」

（「ウィキペディア」「三角縁神獣鏡」より）

賜った鏡が百枚、であるにもかかわらず、五百四十面以上も出土しているので、その多くは和国で特徴をまねて作られたものだろう。

正始元年太守弓遵遣建中校尉梯儁等奉詔書印綬詣倭國拜假倭王并賚詔賜金帛錦罽刀鏡采物倭王因使上表答謝詔恩

訳：正始元年、太守弓遵《きゅうじゅん》、建忠校尉梯儁《ていしゅん》等を遣わし、詔書・印綬を奉じて倭国に詣り、倭王に拝仮し、并せて詔を齎し、金・帛・錦・罽・刀・鏡・采物を賜わらしむ。倭王使いに因りて上表し、詔恩を答謝す。

その翌年正始元（二四〇）年、劉夏に代わって太守となった弓遵は、帯方郡で預かっていた、魏の詔書・金印紫綬を配下の梯儁に持たせて大和国に送り、日巫女に会い併せて皇帝の詔をもたらし、金などの宝物を贈った。日巫女は使者の梯儁らに皇帝への感謝の書状を託した。


魏の朝貢に対する作法が、このことから読み取れる。

魏の周辺国が朝貢を希望したら、まず、魏の地方組織、今回の場合、帯方郡に願い出る。

魏の地方組織は、朝貢の一行を都に案内し、皇帝との面会などの手配をする。

皇帝から下賜された詔書や金印紫綬は、朝貢の一行には渡さず、地方組織が仮保管する。

地方組織は、朝貢の一行を帰国させたのち、改めて朝貢国に使節団を送って、その王に皇帝から賜った詔書・金印紫綬のほか、金・帛・錦・罽・刀・鏡などの采物を授ける。

王は、皇帝への感謝の書状を使者に託す。

これが魏への朝貢の一連の手続きだったことが窺われる。


其四年倭王復遣使大夫伊聲耆掖邪拘等八人上獻生口倭錦絳青縑緜衣帛布丹木付短弓矢掖邪狗等壹拜率善中郎將印綬

訳：其の四年、倭王復《ま》た使い大夫伊声耆掖《いせぎえやく》邪狗等八人を遣わし、生口、倭錦、絳・青の縑、緜衣、帛布、丹、木付の短弓、矢を上献す。掖邪狗等、壱に率善中郎将の印綬を拝す。

三年後の正始四（二四三）年、再度大夫いせぎ、えやく等八人を遣わし、生口などを献上した。えやく等は率善中郎将の印綬を拝受した。

其六年詔賜倭難升米黄幢付郡假授

訳：其の六年、詔して倭の難升米に黄幢を賜い、郡に付して仮授せしむ。

正始六（二四五）年、魏の皇帝は詔を出して大和国のなしめに魏の軍旗である黄幢を下賜し帯方郡に預けた（先ほどの皇帝から下賜される手続きである）。このことから、なしめは大和国の軍の指導者の一人だとわかる。また、なしめは洛陽には行っておらず、大和国には知らせが届いた。おそらく、皇帝から黄幢が下賜され帯方郡で保管している、後日使節が大和国に遣わされ、黄幢を正式に授ける。これからは、なしめは帯方郡の太守の指揮下で魏に忠を尽くせ、という内容ではなかったか。もう一つ重要なことは、大和国に魏の軍旗が下賜されたということは、大和国軍が実質的に魏軍の指揮下に組み入れられたということである。帯方郡やその近辺で魏に対する反乱や武力衝突が起これば、帯方郡の命令で大和国軍は魏の支援をしなければならなくなった。

こうした現実の問題とは別に、『魏志倭人伝』には、倭国は呉の會稽や東冶の東にある、と書かれていて、魏軍に組み込まれた大和国軍は帯方郡の命令が発せられると攻撃すると暗に呉を威嚇している。

其八年太守王頎到官。倭女王卑彌呼與狗邪國男王卑彌弓呼素不和遣倭載斯烏越等詣郡説相攻撃状遣塞曹掾史張政等因齎詔書黄幢拜假難升米爲檄告喩之。卑彌呼以死

訳：其の八年、太守王頎官に至る。倭の女王卑弥呼、狗奴国の男王卑弥弓呼《ひみくこ》と素より和せず。倭の載斯烏越《そしあお》等を遣わして郡に詣り、相攻撃する状《ありさま》を説かしむ。塞曹掾史の張政等を遣わし、因りて詔書・黄幢を齎《もたら》して難升米に拝仮し、檄を為《つく》りてこれを告喩す。卑弥呼以て死す。

『魏志倭人伝』の中で最も謎とされる部分である。
これまでの魏との交渉は朝貢とその後の「お付き合い」的なものだった。それが、

■狗奴国と戦争をしていることを帯方郡に報告した。
■帯方郡の太守が本国と交渉し、大和国のそしあお等を洛陽に案内し、狗奴国との戦争の状況を説明させた。

■魏の皇帝から詔書が、そして帯方郡で保管していた黄幢が大和国にもたらされた。
■帯方郡の使節の張政らが日巫女に説諭した。そして、日巫女が死んだ。

簡単に要約すればこれだけだが、省略された部分が多すぎて、その部分を解き明かさなければ何があったのかまるでわからない。おまけに、「卑弥呼以て死す」だ。

卑弥呼殺人事件か？

まだある。

なしめに黄幢が下賜されて帯方郡に仮授されたが、ここまで帯方郡の使者は女王国を訪れていない。仮授されてから一年以上経っている。遅すぎないか。

正始八（二四七）年、魏の太守王頎が帯方郡に赴任した。景初三（二三九）年の太守は劉夏であった。その翌年は弓遵で、八年間で三人目である。太守の交代の期間が短すぎないか。疑問点が次々に出てくる。そのあたりの事情について、女王国の情報だけでは解明できないので、和国をいったん離れて朝鮮半島の帯方郡のここまでの歴史を見てみよう。

地名、人名など私たちになじみのないものが多数出てくるので、読みにくく、わかりにくいが大事な内容を含んでおり、紹介する。

【帯方郡】

「帯方郡は、二〇四年から三一三年の百九年間、古代中国によって朝鮮半島の中西部に置かれた軍事・政治・経済の地方拠点である。後漢の末、中平六（一八九）年に中国東北部の遼東太守となった公孫度は、勢力を拡大して自立を強め、後漢の放棄した朝鮮半島へ進出、現在の平壌付近から漢城北方にかけての一帯にあった楽浪郡を支配下に置いた。その後を継いだ嫡子・公孫康は、建安九（二〇四）年、楽浪郡十八城の南半、屯有県（現・黄海北道黄州か）以南を割くとともに南方の土着勢力韓・濊族を討ち、併せて帯方郡として『是より後、倭・韓遂に帯方に属す』という朝鮮半島南半の統治体制を築く。公孫康はほどなく魏の曹操に恭順し、その推薦によって後漢の献帝から左将軍・襄平侯に任ぜられ、帯方郡も後漢の郡として追認された。

公孫康の死後、公孫康の実弟・公孫恭が後を継ぎ、後漢の献帝から禅譲を受けた魏朝の文帝（曹操の子・曹丕）により、車騎将軍・襄平侯に封じられた。しかし、太和二（二二八）年、成長した公孫康の子の公孫淵は叔父・恭の位を奪い取り、魏の曹叡（明帝）からの承認も取りつけて揚烈将軍・遼東太守に任ぜられる。公孫淵は、祖父以上に自立志向が強く、魏朝の仇敵である呉の孫権との同盟を画策し、最終的には、魏から受けた大司馬・楽浪公の地位を不足とし、景初元（二三七）年、反旗を翻して独立を宣言。遼東の襄平城で燕王を自称するにいたる。帯方郡も楽浪郡もそのまま燕に属した。

景初二（二三八）年、魏の太尉・司馬懿の率いる四万の兵によって襄平城を囲まれ、長期の兵糧攻めにあって公孫淵とその子・修は滅びた。太守・劉昕は、周辺の東濊・韓族の首長に邑君あるいは邑長の印綬を賜与し、魏との冊封関係を改めて結び直した。」

（「ウィキペディア」「帯方郡」より）


景初三年六月に、この新生・帯方郡の地へ、大和国は朝貢使の難升米を派遣したわけである（このときの太守は劉夏であった）。

正始元（二四〇）年にさらに異動があり、新太守となった弓遵は、魏の詔書・金印紫綬を配下の梯儁に持たせて卑弥呼のもとへ送った。ところがこの弓遵は、

「同六（二四五）年に嶺東へ遠征して東濊を討った後、それまで帯方郡が所管していた辰韓八国を楽浪郡へ編入することになり、その決定を現地に伝えた際、通訳が誤訳を犯して臣智激韓を激怒させ郡内の韓族が帯方郡の崎離営を襲った。これを弓遵と楽浪太守の劉茂が兵を興して討ち、魏軍は韓族を滅亡させたが弓遵は戦死した。」

（「ウィキペディア」「帯方郡」より）

この年、魏の皇帝は詔を出して大和国のなしめに魏の軍旗である黄幢を下賜し帯方郡に預けた。

帯方郡に預けた、ということは、後日、帯方郡の使節が大和国を訪れて本人に直接手渡す、ということだが、朝鮮半島に不穏な動きが出たとき、なしめは兵を引き連れて参戦せよ、という意味を含んでいる。

帯方郡の太守弓遵は嶺東へ遠征して東濊を討ったが、このとき、なしめに援軍に加わるよう命令が出ていたとしたら従軍させられた可能性がある。そのような状況で弓遵は戦死した。もしも詔が出ていて参戦しなかったのなら皇帝から咎めを受ける可能性があった。

正始六年に太守弓遵が戦死したという知らせは非公式に大和国にも届いただろう。

大和国は、太守弓遵の死を驚きをもって受け止め、これまでの外交交渉と、大和国の帯方郡に対する立場を十分に検討したに違いない。黄幢の下賜の知らせは正式なものなので、帯方郡の使者がもたらしたが、そのとき弓遵の死は伝えられなかった。ということは、この知らせのあとか、使者が和国に旅立った後に弓遵が戦死したと考えられる。なしめには仮授ではあるが、魏の軍旗である黄幢が下賜されており、魏軍の指揮下に入っていた。半島への出兵命令は受けていないが、帯方郡の太守が戦死した。魏は、帯方郡はどう動くか、大和国にとばっちりは来ないか。

慎重に、細心の注意を払って善後策を練った。それが正始八年からの新たな帯方郡との交渉である。

正始八（二四七）年、弓遵から引き継いだ太守・王頎は、大和国の使者そしあおから大和国とくな国との交戦の報告を受け、自ら上洛して官の決裁を仰ぎ、魏の皇帝の詔書と黄幢を携えた塞曹掾史（外交官、軍使、軍司令副官など諸説あり）の張政が大和国に派遣された。なしめは正式に黄幢を受け取った。

なぜこの年になって初めて、大和国とくな国との交戦の模様を帯方郡にわざわざ使いを送ってまで報告したのだろうか。大和国は九州、四国、山陽、近畿のほぼ全域を支配する大国である。このころ大きな戦乱が起こったような記事は三国志のほかの部分にはない。参戦しなかった方便としてくな国との衝突を報告したのだろうか。

その確認の意味を込めて、遺跡の状況を見てみよう。

「大規模な集団殺戮を示す遺跡としては、鳥取県の青谷上寺地《あやかみじち》遺跡が代表的である。日置川と勝部川の合流点の南側に弥生中期から村が形成され、弥生後期後葉（注：つまり、日巫女が女王であった時期）に戦争の結果とみられる状況で集落が廃絶したと思われる（住居跡は未発掘)。東側の溝(防御施設と港の機能を兼ねていたか)から百人分を超える人骨が見つかり、少なくとも十体、百十点の人骨に殺傷痕が見られた。人骨は女性や老人や幼児も含めて無差別に殺されており、刀剣による切り傷がついた骨、青銅の鏃が突き刺さった骨がある。治癒痕はなく、骨に至る傷が致命傷となってほぼ即死したと思われる。出土状況も凄惨で、溝に多数の死体が、埋葬ではなく折り重なって遺棄されている。遺物も、原型を保った建築物の一部や、様々な生活用品が、通常の遺跡ではありえないほど大量に出土している。死者の中に十五~十八歳の若い成人女性がおり、額に武器を打ち込まれて殺されている。殺戮した後、死体の処理と施設の破壊を兼ねて、死体や廃棄物で溝を埋め立てたものと思われる。略奪はしただろうが、破壊した住居や不要な生活用品は捨てられた。通常なら再利用や腐朽で失われるものが、保存条件もよくて大量に残存した。虐殺以後は集落は復興せず、現代まで水田として利用された模様である。」

(「ウィキペディア」「弥生時代」より)

日巫女の在位した時期にも山陰(この例では鳥取県)で戦争が続いていたことがわかる。近畿勢に勝利したのち、大和国に服していない山陰、北陸、東国などと戦っていたのだ。くな国がどこにあったのかはわからないが、戦争は実際にあったのだろう。そのため、大陸に軍を送る余裕はなかった。その状況を帯方郡に報告し、軍を送ることができない理由にしたのだろう。

また、そのため、朝鮮半島で帯方郡が攻撃されてもすぐには派兵できないことも告げただろう。

ところが、帯方郡は軍を送らなかった言い訳とは取らなかった。

敵は手強く、なかなか勝利することができない、数年にわたって苦戦している、というような内容と思われるが、それを帯方郡に支援を求めてきたと取ったのだ。それで太守王頎は自ら上洛して官の決裁を仰ぎ、そしあお等に戦争の状況を洛陽で説明させたうえで、魏の詔書と帯方郡で保管していた黄幢を携えた塞曹掾史の張政を急遽大和国に派遣した。魏は大和国を支援している、戦場に黄幢をはためかせ、大和国には魏の後ろ盾があることを敵に見せつけてやりなさい、とでも言ったのだろう。

大和国の弓遵戦死への対応は、結果的に過剰反応であった。帯方郡は大和国に援軍など求めてはいなかった。それにもかかわらず、大和国は自分たちの苦境を訴えてきた。それが今度は帯方郡の過剰反応を生んだ。大和国は和国内での戦争で苦戦している、助けてほしいと訴えてきた、と取った。ならば、軍の派遣は難しいけれど、皇帝の詔書と軍旗を与えて魏が大和国を強力に支援していることを示してやろうと。大和国の指導層は、帯方郡から魏の詔書と黄幢を携えて、わざわざ渡航までしてやって来た張政らへの対応に忙殺されたことだろう。

彼らは、単なる帯方郡の太守の使いではないのだ。魏の詔書を携えた、皇帝の使い、勅使なのだ。

そして、このころ日巫女が死んだ。正始六年からの帯方郡との外交が心労となった可能性があるが、高齢でもあり、因果関係は残念ながらわからない（張政らによって殺されたという、松本清張らの説もある）。

日巫女が王になったのは一九〇年ころで正始八年に死亡したのなら、五十七年くらいの在位年数である。張政らへの対応に追い打ちをかけて、日巫女の死が加わり、大和国の内政は混乱した。

大作冢徑百餘歩徇葬者奴婢百餘人

訳：大いに冢を作ること径百余歩、葬に徇ずる者奴婢百余人なり。

日巫女の墓についての記述であるが、径百余歩と当時としては巨大な塚、つまり古墳であった。張政らが大和国に滞在している間に日巫女が亡くなり、葬儀が営まれ、埋葬された、ということは、すでに日巫女の生前に墓所は築造されていたのである。すでに高齢であった女王のために、壮大な葬儀がいつでも行えるよう、墓所の準備ができていた。そうでなければ、このあとに記載されている日巫女の後継を巡る大和国の内乱勃発と葬儀の関係が説明できない。葬儀がつつがなく営まれ、後継者をめぐる話し合いの結果、男王が擁立されたことで紛議が生じ、内乱となったのだ。

それでは、日巫女の墓の話にもどる。

この時代の築造とされる古墳には箸墓《はしはか》古墳がある。箸墓古墳は、出現期古墳の中でも最古級と考えられている三世紀半ばすぎの大型の前方後円墳である。

「また箸墓古墳よりも古いと考えられている纒向石塚墳丘墓などの突出部と箸墓古墳の前方部との形状が類似していること、渡り土手を備えていること、周濠が墳丘の規模に比べ狭いことなど分かってきた。それらのことから箸墓古墳は弥生時代の墳丘墓が飛躍的に巨大化したものであり、弥生墳丘墓の諸要素を継承したものであると考えられている。」

（「ウィキペディア」「箸墓古墳」より）

被葬者は、この時期の有力者としては日巫女以外に見当たらない。在位年数が約半世紀あり、日巫女以前の人物は除いてよく、また、同時期の有力者も日巫女に匹敵する者はいない。箸墓古墳は、崇神天皇の祖父孝元天皇の姉妹、倭迹迹日百襲姫命《やまとととひももそひめのみこと》の墓と『日本書紀』に記載されており、被葬者が女性というポイントからもほぼ間違いない。

箸墓古墳が日巫女の墓であれば、日巫女のいた大和国の都は奈良県桜井市とその周辺に比定できる。

「この時期には埴輪列はまだ存在していないが、宮内庁職員によって宮山型特殊器台・特殊壺、最古の埴輪である都月型円筒埴輪などが採集されており、これらが墳丘上に置かれていたことは間違いない。また岡山市付近から運ばれたと推測できる特殊器台・特殊壺が後円部上でのみ認められるのに対して、底部に孔を開けた二重口縁の壺形土師器は前方部上で採集されており、器種によって置く位置が区別されていた可能性が高い。特殊器台や特殊壺などの出土から古墳時代初頭に築造された古墳であると考えられている。」

（「ウィキペディア」「箸墓古墳」より）

人物埴輪が現れるようになるのは五世紀中ごろであり、死後の被葬者のために奴婢百余人が殉死させられた。

それでは、日巫女が王になる前の、先代の男王はどこに葬られたのだろうか。

それは奈良県桜井市大字箸中字ホケノ山に所在する「ホケノ山古墳」であろう。

「ホケノ山古墳は、三輪山の西山麓、箸墓古墳の東側の丘陵にあり、副葬品や埋葬施設などから箸墓古墳に代表される定型化した出現期大型前方後円墳よりあまり遡らない時期の前方後円形墳墓と考えられ、築造は中国史書に記された邪馬台国の時代にちょうど重なると推測されている。前方後円形をした弥生墳丘墓であるとする見方と、古墳時代出現期のものであるとする見方が出されている。被葬者は不明であるが、大神神社は豊鍬入姫命《とよすきいりひめのみこと》の墓としている。」

（「ウィキペディア」「ホケノ山古墳」より）

箸墓古墳よりも古く、弥生時代末期の大型墳丘墓で、所在地も箸墓古墳の東側の丘陵にあり、時代的、位置的に、先代の男王の墓として最も可能性が高い。

このことから、ホケノ山古墳が先代の王の墓であればだが、日巫女は、先代の王の墓の近くに葬られたことになる。

二人の墳墓が奈良県桜井市にあるということは、大和国の都がそのあたりにあったことを意味する。そこにあるのは、纒向遺跡である。

「纒向遺跡の範囲は、北は烏田川、南は五味原川、東は山辺の道に接する巻野内地区、西は東田地区に及び、その範囲は約三平方キロメートルになる。遺跡からは弥生時代の集落は確認されておらず、環濠も検出されていない。纒向遺跡は弥生時代から古墳時代への転換期の様相を示す重要な遺跡であり、邪馬壹国畿内説を立証する遺跡ではないかとして注目を浴びている。しかし三世紀前半の遺構は多くなく、遺跡の最盛期は三世紀終わり頃から四世紀初めにかけてである。二〇一一年に、『卑弥呼の居館』とも指摘された大型建物跡の約五メートル東側から別の大型建物跡の一部が見つかり、建物跡は造営年代が三世紀後半以降の可能性がある。纏向遺跡は大集落と言われながらも、人の住む集落跡が確認されていない。現在確認されているのは祭祀用と考えられる建物と土抗、そして弧文円板や鶏形木製品などの祭祀用具、物流のためのヒノキの矢板で護岸された大・小溝（運河）などである。遺跡の性格としては居住域というよりも、頻繁に人々や物資が集まったり箸墓古墳を中心とした三輪山などへの祭祀のための聖地と考える学者も多い。石野博信氏によれば、『二世紀末に突然現れ、四世紀中頃に突然消滅した大集落遺跡』である。」

（「ウィキペディア」「纏向遺跡」より）

纏向遺跡は、大和国が近畿を征服し、現在の桜井市に都を設けた遺跡であろう。弥生時代の集落は確認されておらず、大和国が征服した後に造営されたもので、新しい町であった。広さは約三平方キロメートルと、当時としては広大な面積を持つ最大級の集落跡であり、一種の都市遺跡であった。

更立男王國中不服更相誅殺當時殺千餘人復立卑彌呼宗女壹與年十三爲王國中遂定。政等以檄告喩壹與壹與遣倭大夫率善中郎將掖邪狗等二十人送政等還。因詣臺獻上男女生口三十人貢白珠五千孔青大句珠二枚異文雜錦二十匹

訳：後継者として立てた男王を不服として国が内乱状態となり、千余人が誅殺し合った。改めて卑彌呼の宗女である十三歳の壹與を女王として立てた結果、倭国は遂に安定した。

張政らは（幼くして新女王となった）壹與に対し、檄文の内容を判りやすく具体的に説明した。

壹與は倭国大夫率善中郎將の掖邪狗ら二十人を随行させた上で張政らを帰還させた。その際、男女生口三十人を献上すると共に白珠五千孔、青大勾珠二枚および異文雑錦二十匹を貢いだ。


日巫女の死により、最も力を持っていた日巫女の弟（先に亡くなっていれば、その後継者。『魏志倭人伝』には弟が死んだという記事がないので、ここでは弟としておく）がおそらく王になったのだろう。大和国は先ほど見たように、周辺国と戦争を続けていた。大和国の有力者はみなそれぞれが武装した集団の長であり、女王日巫女の死により権力をめぐる内乱が起こり、千人を超える死者が出た。日巫女の言葉を伝える弟が最高権力者であったため、日巫女が死んだことにより弟の権力基盤が揺らぎ、「日巫女 —— その弟」の権力構成に不満を持っていた有力者、あるいは、その権力機構から疎外されていた有力者たちが男王に反旗を翻したのだろう。帯方郡からの使者たちはこの間、身動きが取れなくなった。千人を超える死者を出した反乱を制圧したのち、勝利した男王を始めとする有力者たちは話し合い、改めて日巫女が王位に就いた時と同様に、男王は身を引き、日巫女の宗女（身内の女性）である十三歳のとよを女王として立て、神の言葉を取り次ぐことで国を治めることにした。日巫女は独身だったから、とよは先代の男王の孫娘か、ひ孫のうちの一人ではなかろうか。

壹與を「とよ」と読むのは、邪馬壹国を「やまと国」と読むのと同じ理由による（64ページ参照）。

「とよ」は大和言葉の「豊」に比定できるので、以下壹與を「豊」と表示する。

なお、『広辞苑』で「豊」を見てみると、

① 十分に足りととのうこと。ゆたか。

② 五穀のみのりのよいこと。

とある。「豊」は、五穀が豊かに実り、十分に足りた状態のことで、豊作を祈念して名付けられた女性であろう。

ただし、これは現在の豊の意味であって、当時もそうであったとは限らない。

とよが王位に就いたのは三世紀中頃であり、「とよ」という言葉はまだなかったかもしれない。

「豊《ゆた》か」「富《とみ》」という言葉は今日まで一般的に使われているが、「豊《とよ》」はこれ一字で使われることがなく、豊の国、豊田、豊中、豊臣など限られた使い方しかされない。日常生活で「豊」が独立して使われている言葉、会話、文書を思い浮かべてみてほしい。おそらく、出てこないだろう。豊は大和言葉として古くから使われているが、他の文字と組み合わせて使うか、後ろに「の」を付けて「豊の国」などのように使う特殊な名詞である。女王「とよ」が語源となり、「豊か」よりも高貴で近寄りがたい、そういう雰囲気を持ったことばになったのだろう。「豊」は、奈良時代以降は、『広辞苑』に書かれている意味で使われてきた。藤原氏を称してきた羽柴秀吉が「豊臣」の氏を朝廷に下賜させようとしたのも、こうした「豊」の持つ高貴な雰囲気が理由の一つとなった可能性がある（「豊臣」という氏に決めた理由等は伝わっていない）。

『広辞苑』でその他の名詞を探してみると、『古事記』や『日本書紀』で使われている「豊」の用例には、「豊秋《とよあき》津洲《つしま》」「豊葦原《とよあしはら》」「豊葦原《とよあしはら》の中《なか》つ国《くに》」「豊葦原《とよあしはら》の瑞穂《みずほ》の国《くに》」と日本の美称に使われたり、「豊城《とよき》入彦命《いりひこのみこと》」「豊斟渟神《とよくむぬのかみ》」「豊玉毘売《とよたまひめ》」など神や皇族の名に使われている。また、聖徳太子の別称として「豊聡耳命《とよとみみのみこと》」があり、宮中行事に「豊明《とよのあかり》の節会《せちえ》」「豊の遊び」「豊の御《み》禊《そぎ》」などがある。その他の名詞を見ても、地名を除いて、美称に使われたり、「豊禱《とよほき》」のように神社の祝詞に使われるような言葉ばかりで、一般的な使われ方をするものは極めて少ない。

女王「とよ」は日巫女と違って今日ではほとんど知られていないが、その名前は「豊」として高貴な使われ方をする特別な名詞になった。

勝利した有力者たちには、邪馬壹国についての文章に「官に伊支馬《いきま》、次に弥馬升、次に弥馬獲支、次に奴佳鞮があり」と紹介されている四名が含まれる。彼らは日巫女の生前からの実力者だったのだろう。特に、いきまは官の筆頭であり、「後継者として立てた男王」の日巫女の弟（先に亡くなっていれば、その後継者）その人ではなかろうか。

また、彼ら四名については日巫女の死後も官の序列などに訂正がみられないので、女王が豊に変わったのちもそのままこのメンバーだったと読みたい。つまり、反乱を起こした有力者たちは、主流派とは立場を異にする人たちであり、彼らは敗れ去った。

この、神に仕え、言葉を取り次ぐ一段高いところから、武力、権力を持つ有力者を従える政治制度、すなわち天皇制の萌芽がここに見て取れる。日巫女、豊、ともに自分の軍隊を持たず、有力者を力で押さえつける権力もなかった。しかし、国のため、民のために祈るという俗から離れた立場を世俗よりも優越させたことは、有力者たちを束ね、衝突を起こさせない力となった。後の世の蘇我氏、藤原氏、北条氏、足利氏、豊臣秀吉、徳川幕府と、おのれの力と才覚で頂点に上り詰めた時の権力者たちは、天皇から征夷大将軍などの地位を下賜されることで、皇室の家臣として権勢をふるった。下剋上で権力を奪った者は、自分が家臣に裏切られることを常に恐れることになる。自分がしてきたこと、すなわち、主殺しを正当化すれば、部下が同じことをしても正当化されるからだ。天皇のために戦って勝利した、天皇から命じられて国を治めている、という方便は、武力でその地位に上り詰めた権力者であっても、いや、そうして権力を得た者だからこそ、その立場を正当化し、強固なものにすることができた。明治維新では皇軍となった新政府軍は錦の御旗を打ち立てて賊軍となった幕府軍と戦った。この権力構造を天皇制というのであれば、日巫女がその初代、豊が二代目といえるだろう。

天皇の機能は、奈良時代から平安時代にかけては権力を一手に握り、政治・祭祀の両方の頂点だったものの、摂関政治・院政・武家の台頭により、激しい権力争いの中で政治的権能を失っていき、宗教的機能と有力者の立場を追認するだけの立場に変質していった。いわば、日巫女、豊が礎となった政治制度へと回帰していったのだ。そして、それは現在へと続いている。日巫女、豊の前例がなかったら、天皇の力の低下による権力抗争によって、日本の政治制度は天皇のいない、周辺諸国と同じような武士が支配する国になったかもしれない。

正始八（二四七）年に、魏の皇帝の詔書と黄幢を携えた張政が大和国に派遣されていたが、張政は先代の女王日巫女にしたのと同じように、新たに女王となった豊に対し、檄文の内容を判りやすく具体的に説明した。

豊は、正始四（二四三）年に率善中郎将に任ぜられた掖邪狗《えやく》ら二十人を随行させたうえで張政らを帰還させた。張政らは正始八年に大和国を訪れ、日巫女の死と葬儀、王位をめぐる混乱、豊の即位のあいだ、ずっと滞在していた。大和国を取り巻く周辺諸国との状勢、国内の身分構成、治安などの社会状況、豊を取り巻く有力者たちの権力構成など多くの情報を得たことだろう。

この情報がなければ、これほど詳細な「倭人伝」は書かれなかった。

張政らの渡航は、もとはといえば、帯方郡の太守弓遵が戦死したことに大和国が過剰反応したことが原因である。それがなければ、張政らの訪日は違ったものとなり、この後書いていく大和国の社会や風俗も今日まで伝わることはなかった。奴国の朝貢や、「倭の五王」の記録と同様に、邪馬壹国が朝貢した、という事実が簡単に書かれただけで終わっただろう。

以上で『魏志倭人伝』は終わる。豊のその後はわからず、豊の次の王もわからない。大和国は再び文字のない時代に逆戻りした。

それから十五年くらい後の泰始元（二六五）年に魏の重臣であった司馬炎が魏の曹奐（元帝）から禅譲を受けて晋朝（西晋）を興し、魏は滅びた。西晋も三一六年に亡んだが、帯方郡は引き続き存続し五世紀まで続いた。『魏志倭人伝』が書かれた時代、帯方郡は西晋のもとで存続しており、和国を訪れた一行の紀行文は三国志の史料として活用された。

それでは、前半部分で省略した大和国の社会を見てみよう。

大和国の社会

男子無大小皆黥面文身。自古以來其使詣中國皆自稱大夫。夏后少康之子封於會稽斷髪文身以避蛟龍之害。今倭水人好沈没捕魚蛤。文身亦以厭大魚水禽。後稍以爲飾諸國文身各異或左或右或大或小尊卑有差。

訳：古くから、中国に来た倭の使者はみんな自らを大夫と称している。皆黥面文身というように男子は大人も子供もみな顔や体に入れ墨をする。夏（中国の王朝）の王の少康の子が、會稽に封ぜられた時、断髪して入れ墨をし、蛟《みずち》の害を避けたという。今、倭の漁師も好んで水にもぐって魚や蛤を捕り、身体に入れ墨をして大魚や水禽を避けていたが、後には飾りになった。入れ墨は国ごとに異なり、あるいは左に右に、あるいは大に小に、階級によって差が有る。

縄文時代の土偶から、人々が刺青をしていただろうということは知られているが、刺青が行われるようになった理由が、「漁師が水に潜って魚介類を採るときサメなどの大型の魚や、獲物を横取りしようとする水鳥を避けるため」としている。身にほとんど何も纏わないで漁をする漁民が体に装飾を直接施すことで、海の神々の加護を得て、魔物などからの災いを避けようとしていたことは事実だろう。また、まつら国のところで漁師が水に潜って漁をする、と書かれていたが、当時の漁法は潜水漁法が主だったことがこのことからも窺える。さらに、刺青の起源が漁民の宗教性に求められるということは、非常に興味深いことであり、弥生時代の人々の刺青に対する認識がそういうものだったということがわかる。ただ、刺青が縄文時代から行われていた可能性が高いので、実際、刺青を漁師が始めたと断定することはできない。そして後には刺青は体を飾るものとなり、その時代には、地域、階級によって違いが生じていた。

計其道里當在會稽東治之東。

訳：その（倭国の）位置を計ってみると、ちょうど會稽や東冶の東にある。（先ほど「邪馬台国への旅」で触れた）

其風俗不淫男子皆露紒以木緜招頭其衣横幅但結束相連略無縫婦人被髪屈紒作衣如單被穿其中央貫頭衣之。

訳：その風俗は淫らではない。男子は皆髷を露わにし、木綿の布を頭に巻いている。その衣服は幅広い布を結び合わせているだけであり、ほとんど縫われていない。婦人は髪に被り物をし後ろで束ねており、衣服は単衣（一重）のように作られ、中央に孔をあけ、貫頭衣である。

衣類の説明であるが、歴史図鑑などで見られる弥生時代の庶民の姿の通りである。非常にわかりやすく書かれている。

種禾稻紵麻蠶桑緝績出細紵縑緜。

訳：稲、紵麻《からむし》を植えている。桑と蚕を育てており、糸を紡いで上質の絹織物を作っている。

農業について書かれている。

食糧の「稲」、主に衣類の材料となる「からむし」を栽培している。また、桑を栽培し、蚕を育て、上質の絹織物を作っている。上質の絹織物は朝貢の献上品にも利用されたのだろう。

其地無牛馬虎豹羊鵲。

訳：牛・馬・虎・豹・羊・鵲《かささぎ》はいない。

家畜や野生動物について書かれている。牛、馬、羊はまだ渡来しておらず、飼育されていない。弥生時代には、牧畜が本格的には始まっておらず、狩猟によるイノシシ、シカが多く食べられ、その他ウサギ、サル、クマなども食べられていた。家畜としては、ブタやニワトリが飼育されていた。

朝鮮半島から舟で大型動物を、生きたまま運ぶことができる限度がこのことから推察できる。ブタやニワトリ程度の大きさの動物は檻に入れて舟で運べるけれど、牛、馬、羊クラスの大きさだと運べなかった。弥生時代の舟は丸木舟程度のものだったとイメージしがちであるが、朝鮮半島との往来に使用できる、大型の舟も存在した。


兵用矛楯木弓木弓短下長上竹箭或鐵鏃或骨鏃。所有無與儋耳朱崖同。倭地温暖。冬夏食生菜。皆徒跣。有屋室。父母兄弟臥息異處。以朱丹塗其身體如中國用粉也。


訳：兵器は矛・盾・木弓を用いる。木弓は下が短く、上が長くなっている。矢は竹であり、矢先には鉄や骨の鏃《やじり》が付いている。

土地は温暖で、冬夏も生野菜を食べている。みな、裸足である。

家屋には部屋があり、寝床は父母兄弟は別である。

身体に朱丹を塗っており、あたかも中国で用いる白粉のようである。


「木弓は下が短く、上が長くなっている」と弓の形が書かれているが、これは銅鐸に描かれた弓を弾く人物の姿で確認されている。

「朱丹」が何かはわからない。白粉のように体に塗っていたが、奈良、平安時代には見られないので、すたれてしまった風習である。

食飲用籩豆手食。

訳：飲食は高坏《たかつき》を用いて、手づかみで食べる。

食物を手づかみで食べていて、まだ箸や匙は使われていない。

其死有棺無槨封土作冢。始死停喪十餘日當時不食肉喪主哭泣他人就歌舞飲酒巳葬擧家詣水中澡浴以如練沐。

訳：人が死ぬと十日あまり、哭泣して、もがり（喪）につき肉を食さない。他の人々は飲酒して歌舞する。埋葬が終わると水に入って体を清める。

七世紀に書かれた『隋書』「巻八十一　列傳第四十六　東夷　俀國」には、死者は棺槨を以て斂《おさ》め、親賓は屍に就いて歌舞し、妻子兄弟は白布を以て服を作る。貴人は三年外に殯し、庶人は日をトしてうずむ。「死者斂以棺槨親賓就屍歌舞妻子兄弟以白布製服貴人三年殯於外庶人卜日而及葬置屍船上陸地牽之」（「ウィキペディア」「殯」より）と、和国の葬儀について書かれている。弥生時代の葬儀の模様と七世紀の葬儀の基本の部分に差がないことがこの文書との比較から読み取れる。和人の死に対する宗教観は、時代を経ても変わっていないのだ。その後、仏教が普及する平安時代から葬儀の様式が変わっていくが、死というものに対する日本人の宗教観は今日までそれほど変化しておらず、「人が死ぬと十日あまり、もがり（喪）につき肉を食さない。」というしきたりは、今日でも、初七日の法要、または、四十九日の法要が終わるまで肉食しない、という敬虔な仏教徒に見ることができる。日本人の精神世界は、特に死者に対する部分については古代から現代まで大きな変化は見られない、ということができる。

其行來渡海詣中國恒使一人不梳頭不去蟣蝨衣服垢汚不食肉不近婦人如喪人名之爲持衰。若行者吉善共顧其生口財物。若有疾病遭暴害便欲殺之。謂其持衰不謹。

訳：倭の者が中国への往来に船で海を渡る時は持衰《じさい》が選ばれる。持衰は人と接せず、虱は取らず、服は汚れ放題、肉は食べずに船の帰りを待つ。船が無事に帰ってくれば生口や財物の褒美が与えられる。船に病人が出たり災難があれば持衰を殺そうとする。持哀が禁忌を守らなかったためという理由である。

持衰については、船に乗っていたのか、船の帰りを待っていたのか、この漢文ではわからない（私は船に乗っていない、とした）。また、他の文献に持衰について記載がないので、ここに書かれたことしかわからない。遣隋使の時代にはなくなっていたのだろう。

出真珠青玉其山有丹其木有柟杼豫樟楺櫪投橿烏號楓香其竹篠幹桃支有薑橘椒襄荷不知以爲滋味有爾猴黒雉。

訳：真珠と青玉が産出する。

倭の山には丹があり、倭の木には柟《だん》（おそらくはタブノキ）、杼《ちょ》（ドングリの木またはトチ）、予樟《よしょう》（クスノキ）・楺《じゅう》（ボケあるいはクサボケ）・櫪《れき》（クヌギ）・投《とう》（不明）・橿《きょう》（カシ）・烏号《うごう》（クワ）・楓香《ふうこう》（カエデ）。竹は、篠《じょう》・簳《かん》・桃支《とうし》がある。薑《きょう》（ショウガ）・橘《きつ》（タチバナ）・椒《しょう》（サンショウ）・蘘何《じょうか》（ミョウガ）があるが、美味しいのを知らない。また、猿、雉《きじ》もいる。

ここに書かれている樹木はいずれも広葉樹である。針葉樹の杉やヒノキは、神社、仏閣の建築材として飛鳥時代以降大量に利用され、屋久島の縄文杉のように、樹齢二千年を超えるものもあり、古くから日本に自生していたが、なぜか紹介されていない。『魏志倭人伝』の資料となった文書を書いた魏の役人が滞在していた集落の周辺に見られる樹木がおもに紹介されたのかもしれない。

其俗擧事行來有所云爲輒灼骨而卜以占吉凶先告所卜其辭如令龜法視火坼占兆。

訳：特別なことをするときは骨を焼き、割れ目を見て吉凶を占う卜《ぼく》を行う。まず占うところを告げ、その解釈は令亀の法のように、火で焼けて出来る割れ目を見て、兆しを占う。

占いについてはこの後の時代にも受け継がれており、普遍的な習俗である。

其會同坐起父子男女無別。人性嗜酒。〔魏略曰其俗不知正歳四節但計春耕秋收爲年紀〕。見大人所敬但搏手以當跪拜。其人壽考或百年或八九十年。

訳：集会での振る舞いには、父子・男女の区別がない。

人々は酒が好きである。
〔裴松之注：「魏略」によれば、一般の習俗では「正歳四節」を知らず、ただ、春秋の農作業をもって年をかぞえる。〕
身分の高い人に敬意を示す作法は、柏手を打って、うずくまり、拝む。
人は長命であり、百歳や九十、八十歳の者もいる。

魏略からの引用が挿入され、「春秋の農作業をもって年をかぞえる。」と、春と秋に一つずつ年を取る二倍年歴について書かれているが、大和国がそうしている、とは書かれていない。しかし、「人は長命であり、百歳や九十、八十歳の者もいる。」というのは、そうした疑いの目で和人を見ていると思われる。戸籍があるわけでなく、子供や孫の年恰好と本人のいう年齢を突き合わして、だいたい何歳くらいだろうと推し計るほかないので、このような書き方になったのだろう。

「柏手《かしわで》を打って、うずくまり、拝む」という作法は、今日では、神社の参拝の作法であるが、当時は高位の人物に対する作法であった。登場人物を拍手《はくしゅ》で迎える、という明治以降欧米から入ってきた作法は、講演会やコンサートなどで今日広く行われているが、それとは違う。うずくまったり、拝んだりしない。大和国の高位者への作法は、この後廃れていき、神社の参拝儀礼として受け継がれていった。

其俗國大人皆四五婦下戸或二三婦。婦人不淫不妬忌。不盜竊少諍訟。其犯法輕者沒其妻子重者滅其門戸及宗族。尊卑各有差序足相臣。服收租賦有邸閣。國國有市交易有無使大倭監之。

訳：身分の高い者は四、五人の妻を持ち、身分の低い者でも二、三人の妻を持つものがいる。女は慎み深く嫉妬しない。盗みはなく、争論も少ない。法を犯す者は軽い者は妻子を没収し、重い者は一族を根絶やしにする。

宗族には尊卑の序列があり、上の者のいいつけはよく守られる。

人々に租税賦役を納めさせており、建物がある。

国々には市場があって、人々は物資を交換している。大倭にこれを監督させている。

社会のありさまが具体的に詳しく書かれている。先に書いた「その風俗は淫らではない。」や「盗みはなく、争論も少ない。」「宗族には尊卑の序列があり、上の者のいいつけはよく守られる。」と大和国内の秩序が優れて保たれていることがよくわかる。刑法としては「法を犯す者は軽い者は妻子を没収し、重い者は一族を根絶やしにする。」とされているが、治安が良く、実際にそうした刑罰が行われることは、ほとんどなかったのではないか。

大和国の都は奈良県桜井市あたりにあり、かつて大和国が征服した地である。被征服地の治安が保たれ、被征服民が普通に生活しているというのは、ある意味不思議な光景である。普通、被征服民は土地を奪われ、身分は奴婢とされ、征服民の僕となる、というイメージであるが、ここにはそれがない。奴婢の身分（生口）があったということは書かれているが、それが被征服民だとは言えない。これまで征服してきた百年以上にわたる西日本各国の統治のノウハウが蓄積されていたのだろう。

素直に読めばこのような感想となるが、違和感も覚える。

一つ考慮しなければならないことは、大和国のみやこが纏向遺跡であったということだ。帯方郡からの使者はみやこに滞在しており、地方の情景をつぶさに観察したとは思えない。纏向遺跡は大和国が近畿を平定したのちに造営された新しいみやこであった。その住人は大和国の支配層とその召使や従者、奴婢などの奴隷身分の者が占め、元からの住民は多くなかったと思われる。いうなれば、今日の北朝鮮の平壌のような特別な都市だった可能性がある。そのため、「身分の高い者は四、五人の妻を持ち、身分の低い者でも二、三人の妻を持つものがいる。」と、「身分」の低さが、普通の民衆のレベルの「低さ」でなく、高級官僚層の中での階級の「低い」人たちだったのだろう。またそれは、後の時代の、有力者に「正室」が一名いて、それ以外に複数の「側室」を持つ、という結婚制度の初期形態ではなかろうか。そうであれば、「女は慎み深く嫉妬しない。」ことが納得できる。「正室」「側室」の身分は社会で当たり前に行われている制度で、当事者どうしが納得したものなので、妬みや嫉妬があっても、慎み深くしなければならなかった。大和国も同じような慣習があったのだろう。秩序の良さは、作られたみやこゆえの特殊なものだった。この記事を大和国全体に当てはめてはいけない。
山陰や北陸、東国では戦争が続いており、徴兵される若者や働き手を奪われる家族、反対に戦功を上げて集落の支配層に加わっていく者たちと貧富の差は広がっていっただろう。
ここに書かれた風俗は大和国のみやこの特殊な状況なのだろう。

自女王國以北特置一大率検察諸國畏憚之常治伊都國於國中有如刺史。王遣使詣京都帯方郡諸韓國及郡使倭國皆臨津捜露傳送文書賜遺之物詣女王不得差錯。

訳：女王国の北には、特に「一大率」を置き、諸国を検察させ、国々は畏れ憚っている。常に伊都国に置かれており、中国の「刺史」のようである。王が使節を、洛陽や帯方郡または諸韓国に派遣する場合や、帯方郡の使節が来た場合は、それらの使節は港で文書や賜物をあらため、女王への錯綜が起こらないようにする。

ここでまた伊都国についての記事が表れる。
いと国に「一大率」が置かれており、現在の会計検査院のように諸国を検察させている。

「邪馬台国への旅」のいと国のところで紹介した、「長官は爾支《にき》、副官は泄謨觚《せもこ》と柄渠觚《へくこ》」と書かれた三名、または、長官を除く副官の二人は一大率だったのだろう。諸国は彼らの検察を畏れ憚っている。一大率は、王が使節を、洛陽や帯方郡または諸韓国に派遣する場合や、帯方郡の使節が来た場合は、港で文書や賜物をあらためている。まるで空港・港湾に設置されている税関を見るようだ。いと国が大陸との窓口として重要な役割を担っていたことがわかる。

また、一大率が港で文書や賜物をあらためている、ということは、彼らは漢文で書かれた書類を読み、理解したうえで事務処理をしているということだ。また、外国からの訪問団の接待、交渉も行っただろう。大和国には、都だけでなく、地方のいと国にもそうした中国語のできる事務官僚が派遣されていた。

弥生時代後期は文字のない時代だった、とされているが、考えを改めなければならないようだ。

魏の皇帝に上表文を認《したた》め、献上するということは、そうしたしきたりや様式に長けた人物がいたということで、仮にその中に中国人などが含まれていたとしても、彼らは、日本語と中国語、あるいは朝鮮語のバイリンガルだった。

当時の文書が今日まで伝わっていないからといって、書類が作られなかったわけではない。おそらく、相当の分量の書類が作成されていたのではなかろうか。

下戸與大人相逢道路逡巡入草傳辭説事或蹲或跪兩手據地爲之恭敬。對應聲曰噫比如然諾

訳：身分の低い者が高い者と道で遭遇した場合は、あとずさりして草むらに入る。言葉を伝えたり、物事を説明する際には、うずくまったり、ひざまずいて、両手を地につける。これは恭敬作法である。応答の声を「噫」という。承諾の意味のようだ。

身分の低い者が高い者と道で出会ったときの礼儀作法は、後の時代、たとえば江戸時代などと大きな違いは見られない。時代劇で代官が村人に命令したとき、村人が一斉に「ははー」と頭を下げる情景が思い出される。このような作法は弥生時代に発祥したのかもしれない。

男性の多くが刺青をしていたこと、航海の安全を祈願して持衰が選ばれていたこと、身分の高い人に敬意を示す作法は、柏手を打って、うずくまり、拝むことなど、飛鳥時代には廃れてしまっていた風習が多く書かれている。資料が残っていれば、そうした風習の変化の歴史をトレースして面白い研究ができるのだろうが、漢字が公文書以外の場でも使われるようになり、貴族社会で一般化する飛鳥、奈良、平安の時代まで長い闇夜の時代が続く。時代が断絶した、といってもいい。夜が明けたとき、その風景は大きな変貌を遂げており、『魏志倭人伝』の世界は遠い過去のものになっていた。

『古事記』、『日本書紀』と『魏志倭人伝』

『魏志倭人伝』の精読により、大和国の東進と近畿に都を設けたこと、半世紀を超える長い期間、日巫女の治世が安定していたこと、周辺国との戦争が続いていたことなどがわかった。そこで新たな疑問が生じる。大和国の東進は、神武天皇の東進として『古事記』、『日本書紀』に描かれているにもかかわらず、日巫女の存在はなぜ一言も触れられていないのだろうか。それにとどまらず、日巫女の墓と比定できる箸墓古墳は、同じ女性の倭迹迹日百襲姫命《やまとととひももそひめのみこと》の墓とされ、墓までも奪われてしまった。日巫女はのちの大和朝廷にとって唾棄すべき都合の悪い、存在自体を抹殺すべき人物だったのであろうか。その疑問を解決するために、『古事記』、『日本書紀』（以後、併せて『記紀』という）によって、日本建国の歴史の概略を見てみよう。

【『古事記』・『日本書紀』の概略】

「世界の最初に高天原《たかまがはら》で、別天津神《ことあまつかみ》・神世七代《かみのよななよ》という神々が誕生。これらの神々の最後に生まれてきたのが伊弉諾尊（伊邪那岐命《いざなぎ》）・伊弉冉尊（伊邪那美命《いざなみ》）である。

イザナギ・イザナミの両神は自らがつくったオノゴロ島に降り、結婚して最初に淡路島が作られた。次に大八洲《おおやしま》と呼ばれる日本列島を形成する島々を次々と生み出していった。さらに、さまざまな神々を生み出していった。一部内容ではイザナギは黄泉《よみ》の国へ向かい、その後、黄泉のケガレを祓《はら》う為禊《みそぎ》をし、この時もさまざまな神々が生まれた。

素戔嗚尊（須佐之男命《すさのを》）は根の国へ行く途中高天原へと向かう。天照大神（天照《あまてらす》大御神）はスサノヲが高天原を奪いに来たのかと勘違いし、弓矢を携えてスサノヲを迎えた。スサノヲはアマテラスの疑いを解くために誓約で身の潔白を証明した。しかし、スサノヲが高天原で乱暴を働いたためアマテラスは天岩戸《あまのいわと》に隠れた。そこで、神々は計略でアマテラスを天岩戸から出した。スサノヲは下界に追放された。

スサノヲは出雲の国に降り、八岐大蛇《やまたのおろち》（八俣遠呂智）を退治し、奇稲田姫（櫛名田《くしなだ》比売《ひめ》）と結婚する。スサノヲの子孫である大国主（大己貴命《おほあなむち》）はスサノヲの娘と結婚し、少彦名命《すくなひこな》と葦原中国《あしはらのなかつくに》の国づくりを始めた。

高天原にいた神々は、葦原中国《あしはらのなかつくに》を統治するべきなのはアマテラスの子孫だとした。そのため、何人かの神を出雲に遣わした。最終的に大国主《おほあなむち》（または『おおくにぬし』）が自らの宮殿建設と引き換えに、天津《あまつ》神に国を譲ることを約束する。

アマテラスの孫である瓊々杵尊（邇邇藝命《ににぎ》）が葦原中国平定を受けて日向に降臨した。ニニギは木花開耶姫（木花之佐久夜毘売《このはなさくやひめ》）と結婚し、木花開耶姫は（主に）火中で御子を出産した。

ニニギの子である海幸彦《うみさちひこ》・山幸彦《やまさちひこ》は山幸彦が海幸彦の釣り針をなくした為、海神の宮殿に赴き釣り針を返してもらい、兄に釣り針を返し従えた。山幸彦は海神の娘と結婚し彦波瀲武鸕鶿草葺不合尊（鸕草葺不合命《ウガヤフキアエズ》）という子をなした。ウガヤフキアエズの子が神日本磐余彦尊（神倭伊波礼毘古《かんやまといわれひこ》命）、後の神武天皇である。

（「ウィキペディア」「日本神話」より略記）

「『日本書紀』によると、甲寅の歳、四十五歳のとき日向国の地高千穂宮にあった磐余彦《いわれびこ》は、兄弟や皇子を集めて『天孫降臨以来、一七九萬二四七〇餘歳が経ったが、未だに西辺にあり、全土を王化していない。

東に美しい土地があるという、青い山が四周にあり、その地には天から饒速日命《にぎはやひのみこと》が下っているという。そこは六合の中なれば、大業を広げて、天下を治めるにふさわしい土地であろう。よって、この地を都とすべきだ』と宣言した。諸皇子はみなこれに賛成した。太歳甲寅年の十月五日、磐余彦は兄の五瀬命《いつせのみこと》らと船で東征に出て筑紫国宇佐（注：大分県国東半島の付け根と北九州市若松区の説がある）に至り、宇佐津彦、宇佐津姫の宮に招かれて、姫を侍臣の天種子命《あめのたねこのみこと》と娶せた。

十一月に筑紫国崗之水門《おかみなと》（注：福岡県遠賀地方とされる）を経て、十二月に安芸国埃《えの》宮《みや》（注：広島県府中町とされる）に居る。乙卯年三月に吉備国（注：岡山県を中心とした地方とされる）に入り、高島宮の行宮《あんぐう》をつくって三年又は八年滞在して船と兵糧を蓄えた。船団を出して速吸之門（注：豊予海峡、岡山県の児島湾口、明石海峡などの説がある）に来た時、国津神の珍彦《うづひこ》（宇豆毘古命）、後の椎根津彦《しいねつひこ》（『日本書紀』。『古事記』では槁根津《さおねつ》彦《ひこ》）を水先案内とした。

戊午年の二月、浪速国《なにわ》に至る。三月、河内国《かわち》（注：生駒山地・金剛山地の西側に沿った南北に細長い地域で、現在の大阪府東部に当たる）に入って、四月に龍田（注：場所不明）へ進軍するが道が険阻で先へ進めず、東に軍を向けて生駒山を経て中州《なかつくに》（注：世界の中心とする説がある）へ入ろうとした。この地を支配する長髄彦《ながすねひこ》が軍衆を集めて孔舎衛《くさえ》坂《さか》（注：大阪府と奈良県との境、生駒山地を越える坂）で戦いになった。戦いに利なく、五瀬命が流れ矢を受けて負傷した。磐余彦は日の神の子孫の自分が日に向かって（東へ）戦うことは天の意思に逆らうことだと悟り兵を返した。草香津（読み不明）まで退き、盾を並べて雄叫びをあげて士気を鼓舞した。この地を盾津《たてつ》（注：大阪府東大阪市内）と名付けた。

五月、磐余彦は船を出したが、五瀬命は山城水門《やまきのみなと》（注：場所不明）で矢傷が重くなり、紀伊国竈山《かまやま》（注：和歌山市）で死去した。

名草戸畔（なぐさとべ？）という女賊を誅して、熊野を経て、再び船を出すが暴風雨に遭った。陸でも海でも進軍が阻まれることを憤慨した兄の稲飯命《いなひのみこと》と三毛入野命《みけいりののみこと》が入水した。磐余彦は息子の手研耳命《たぎしみみのみこと》とともに熊野の荒坂津（注：熊野市二木島）に進み丹敷戸《にしきと》畔《べ》女賊を誅したが、土地の神の毒気を受け軍衆は倒れた。

東征がはかばかしくないことを憂えた天照大御神は武甕槌神《たけみかづちのかみ》と相談して、霊剣（布都《ふつ》御魂《のみたま》）を熊野の住民の高倉下《たかくらじ》に授け、高倉下はこの剣を磐余彦に献上した。剣を手にすると軍衆は起き上がり、進軍を再開した。だが、山路険絶にして苦難を極めた。そこで、天照大御神は八咫烏《やたがらす》を送り教導となした。八咫烏に案内されて、菟田（注：奈良県宇陀市か）の地に入った。

八月、菟田の地を支配する兄猾《えうかし》と弟猾《おとうかし》を呼んだ。兄猾は来なかったが、弟猾は参上し、兄が磐余彦を暗殺しようとする姦計を告げた。磐余彦は道臣命《みちのおみのみこと》を送ってこれを討たせた。磐余彦は軽兵を率いて吉野の地を巡り、住人達はみな従った。

九月、磐余彦は高倉山（注：奈良県大宇陀守道と大東との間にある高倉山、東吉野村の高見山の説もある）に登ると八十梟帥《やそたける》や兄磯城《えしき》の軍が充満しているのが見えた。磐余彦は深く憎んだ。高皇産霊尊《たかみむすひのみこと》が夢に現れ、その言葉に従って天平瓦と御神酒の器をつくって天神地祇を祀り、勝利を祈願した。

十月、磐余彦は軍を発して国見岳（注：奈良県宇陀市室生区と宇陀郡曽爾村の境）で八十梟帥を討った。十一月、磯城《しき》（注：奈良盆地中東部一帯）に攻め入り、八咫烏に遣いさせ弟磯城《おとしき》は降参したが、兄磯城が兄倉下《えくらじ》、弟倉下《おとくらじ》とともになおも逆らったため、椎根津《しいねつ》彦《ひこ》が奇策を用いてこれを破り、兄磯城を斬り殺した。

十二月、長髄彦と遂に決戦となった。連戦するが勝てず、天が曇り、雹が降ってきた。そこへ鵄《とび》があらわれ、磐余彦の弓の先にとまった。すると電撃のごとき金色の煌きが発し、長髄彦の軍は混乱し、そこへ磐余彦の軍が攻めかかった。饒速《にぎはや》日《ひ》命《のみこと》は長髄彦を殺して降伏した。

翌己未年二月、磐余彦は従わない新城《にいき》戸《と》畔《べ》、居《こ》勢《せ》祝《のはふり》、猪《い》祝《のはふり》を討った。また高尾張邑に土蜘蛛《つちぐも》という身体が小さく手足の長い者がいたので、葛網《かずらあみ》の罠を作って捕らえて殺した。これに因んで、この地を葛城《かつらぎ》と称した。これによって、磐余彦は中州を平定した。三月、畝傍山の東南の橿原の地を都と定める。庚申年、大物主の娘の媛蹈鞴《ひめたたら》五十鈴《いすず》媛《ひめ》命を正妃とした。

辛酉の歳（神武天皇元年）の正月、五十二歳を迎えた磐余彦は橿原宮で践祚（即位）し、始馭天下之天皇《はつくにしらすすめらみこと》と称した。」

（「ウィキペディア」「神武天皇」より略記）

神武天皇の東征は、日向国の高千穂宮から海路筑紫国宇佐へ向かった。これは、大和国が九州南部から北部九州に進出したことを題材にしている。「宇佐津彦、宇佐津姫の宮に招かれて、姫を侍臣の天種《あめのたね》子《こ》命《のみこと》と娶せた」とあるのは、北部九州を制圧し、宇佐の王族の娘を家臣に与えたのだろう。北部九州を従わせ、統治機構を築き、兵站の拠点としたうえで東征を開始した。瀬戸内を進み、安芸国埃宮に居る。乙卯年三月に吉備国に入り、高島宮の行宮をつくって三年又は八年滞在して船と兵糧を蓄えた。

大和国の東進が速やかなものでなく、占領地経営の基盤づくりを進めながらのゆっくりしたものであったことが、このことから窺える。

浪速国に至ってから近畿の勢力と衝突し、一進一退となる。河内国に入って、龍田へ進軍するが先へ進めず、東に軍を向けて生駒山を経て中州へ入ろうとした。この地を支配する長髄彦の抵抗に遭い、撤兵を余儀なくされ、迂回する形で紀伊国の熊野を経て莵田の地に入った。この後も激戦が続き、一進一退の後に中州を平定、畝傍山の東南の橿原の地を都と定めた。このストーリーは「倭国大乱」の史実がモチーフになったと考えられる。長年にわたり戦争が行われ、大和国が勝利し、『記紀』では初代天皇である神武天皇が即位した。

『魏志倭人伝』では「倭国は乱れ、何年も攻め合った。」と簡単に記された戦いだが、大和国にとって近畿進出は国土統一の一大事業の画期となるものであった。

後の大和朝廷は、これまでの戦いを指揮してきた王たちを「神武天皇」として象徴化・神格化し、戦死者たちを、五瀬命《いつせのみこと》、稲飯命《いなひのみこと》、三毛入野命《みけいりののみこと》などと命名して『記紀』に記し、後世に残そうとした。

それでは、大和国を発展させた日巫女はその後の天皇のうち、誰のモデルになったのだろうか。

二代天皇は綏靖《すいぜい》天皇、三代が安寧《あんねい》天皇、四代が懿徳《いとく》天皇、五代が孝昭《こうしょう》天皇、六代が孝安《こうあん》天皇、続いて孝霊《こうれい》天皇、孝元《こうげん》天皇、開化《かいか》天皇、崇神《すじん》天皇、垂仁《すいにん》天皇と続く。彼らの中に、モデルが日巫女と思われる人物はいない。

それでは神武天皇以前の登場人物で、日巫女がモデルと思われる人物はいるだろうか。一人だけいる。天照大神である。太陽に仕える巫女、日巫女が太陽神である天照大神のモデルにされた。

天照大神は、日本神話に登場する皇室の祖神で、日本国民の総氏神とされる太陽を神格化した神である。

近畿を平定した王の跡を継いだ日巫女は、占領地である近畿の治安の安定化を図り、国力を富ませ、いまだ大和国に従わぬ周辺諸国との戦争を進めた。そして、これまでも書いてきたが、日本の天皇制を始めた人物といっていい存在である。神武天皇を初代とする世俗の統治者と、それを保護し導く皇室の祖神である天照大神を、それぞれ人と神とに分けて『記紀』の主役とし、皇室の始祖に神武天皇を置き、皇室を守護する神の座に日巫女を据えたのである。

大和国は南九州で発祥し、九州を平定した後東征を行い、近畿までを統一した。

それでは、実態としての「初代天皇」は誰とすべきか。

西日本、近畿を征服するまで、大和国の王は数代にわたっており、その最初の王だろうか。それとも、日巫女の先代の王だろうか。

最初の王は、東征の途中で権力移譲が行われ、九州勢の中でリーダーとなったと思われ、また、和国の一部の地域の支配者でしかなかった。それに対し、日巫女の先代の王が近畿までを統一しており初代天皇にふさわしいと思われる。『魏志倭人伝』には先代の王の名前が記されてないが、『記紀』においてはその人物を神武天皇としており、「神武」と仮に名付けてみる。

初代天皇は神武（仮称）、二代目は日巫女、三代目は期間は短いが日巫女を継いだ男王、名前はおそらく伊支馬《いきま》で、四代目が豊となる。日巫女には子供がなく、以後の天皇と日巫女には直接の血のつながりがない。このように、皇室の初代から四代目までが解明できたが、それ以後はわからない。『記紀』では、存在が確認される天皇が現れるまで創作された天皇の名前が続く。わからないことは、わからない。いわば中抜けだ。歴史とは面白く、かつ不思議なものだ。

天照大神と日巫女

『古事記』、『日本書紀』の概略を「ウィキペディア」から紹介したが、その中に『魏志倭人伝』に出てくる人物が一人もいないことに気付かれただろうか。人物だけでなく、大和国以外の国々、帯方郡や中国との外交関係など、何も書かれていない。過去をすべて無視して、神話を創作している。しかし日巫女の事績は特筆すべきものなので、王としてではなく、神である天照大神のモデルとして、最高レベルの扱いをしている。

『古事記』での呼称は「天照大御神」のみであるが、『日本書紀』では「天照大神」は別名であり、本名は「大日孁貴神《おおひるめのむちのかみ》」という。この「大日孁貴」の「大」と「貴」は尊称であり、「日孁」が実質的な名前で、「ひるめ」と読ましているが、「孁」は日本語ではおそらく「大日孁貴神」でしか使われていない特別な文字で、霊の旧字の「靈」の脚《あし》「巫」を「女」に替え、霊に仕える女、すなわち巫女をさすものとされた。また、「靈」から除いた「巫」と置き換えた「女」からできる熟語は「巫女」であり、これに「日」を付けて読むと「ひみこ」となり、天照大神の本名「大日孁貴神《おおひるめのむちのかみ》」の漢字の中に「ひみこ」を隠し、天照大神が日巫女をモデルとした神であることを暗示させた。(注2) また、「孁」はふつう誰も読めない。「大日孁貴神」を当時の人が読もうとすれば、「大」を「おお」、「貴神」を「むちのかみ」とは読んでも、「日孁」はあてずっぽうでしか読めまい。あてずっぽうなら、さっき説明した理屈で「ひみこ」と読んだだろう。『記紀』が書かれた飛鳥、奈良時代には、こうした本来の意味が公然の秘密として理解されていたかもしれないが、おそらく口伝でしか伝えられなかったのだろう、本来の意味は関係者が記録に残すことなく沈黙を守ったため、時を経るにつれて忘れられていった。また、読めない名前は疎んじられる。別名の「天照大神」は誰でも読むことができ、意味も

「天の下をすべからく照らす大神」と、見ただけで理解でき、また、『古事記』での呼称が「天照大御神」だけなので、こちらが一般化した。

ちょっと考え方を変えてみよう。

「みこ」を「巫女」と書くのは今では当たり前のことである。しかし、いつから「巫女」を「みこ」と読むようになったのだろう。「巫女」は音読みでは「ふじょ」であり、「みこ」と読むのは当て字である。いつからこのように読ませるようになったか、その起源は実は「ひみこ」から「大日孁貴神」を創作したことにあったのではないか。「靈」から「巫」を取り、そこへ「女」を入れて「日孁」にしたことで、取り除いた「巫」と加えた「女」とでできる熟語「巫女」を「みこ」と読ませるようになった、と考えるとおもしろい。もっと深く調べてみたい言葉である。

注2　『書紀』にヒミコらしき女王の姿を求めていくとまず目につくのが「第一巻　神代紀　上」の幕開け早々からはなばなしく登場するアマテラス（天照大神）である。『書紀』によれば、万物の創造主イザナギ、イザナミが天上の主者たらせんと共に生んだ日の神が大日孁貴（読みは後述）で、そのまたの名をアマテラスとしている。すなわち、アマテラスはこの読むのも困難な日の神大日孁貴のまたの名に過ぎないと宣言しているのである。

さてこの四文字、冒頭と末尾の尊称、大と貴を省けば、「日孁」である。ここで、「孁」という難しい漢字について、岩波文庫本の校注に、「『孁』は、巫女《みこ》の意で用いた文字であろう。（中略）靈《れい》の巫を女に改め、孁とすることによって女巫であることを、書紀の筆者が意味的に示そうとしたものと思われる」とある。

そうであれば、①「孁」という語は『書紀』の造語で、②「(日)孁」の意味するところは「(ヒ)ミコ」である、ということになる。

さて、大日孁貴をどう読むか。実は、それは『書紀』自身がその割注で「於保比屢咩能武智《おほひるめのむち》」と訓じている。その場合、「日」は、「比」あるいは夜の反対語としての「比屢《ひる》」のどちらにも読みうるが、「孁」は「屢咩《るめ》」とも「咩《め》」とも読めないので、『書紀』がなぜ「日孁」と書いて「比屢咩」と訓じたのかという謎が浮上する。すなわち「日孁」の中に「咩《め》」と読める部分がどこにもなく、「孁」という文字を上下に分離して始めてその脚「女」が「咩《め》」と読めるのである。

これは、「孁」という字を冠と脚に分解せよという『書紀』からの暗号と思われる。それを証するかのように、『書紀』は念には念を入れて、「孁」の音（読み）は「力」と「丁」の反《かえし》、すなわち「Lei」（=れい）であるとわざわざ注している（注：反とは反切《はんせつ》の法則〈難しい漢字の音を他の簡単な漢字二字を借りて示す標音法〉で、具体的に「孁」に適用すると、それは「力=Liki」の頭

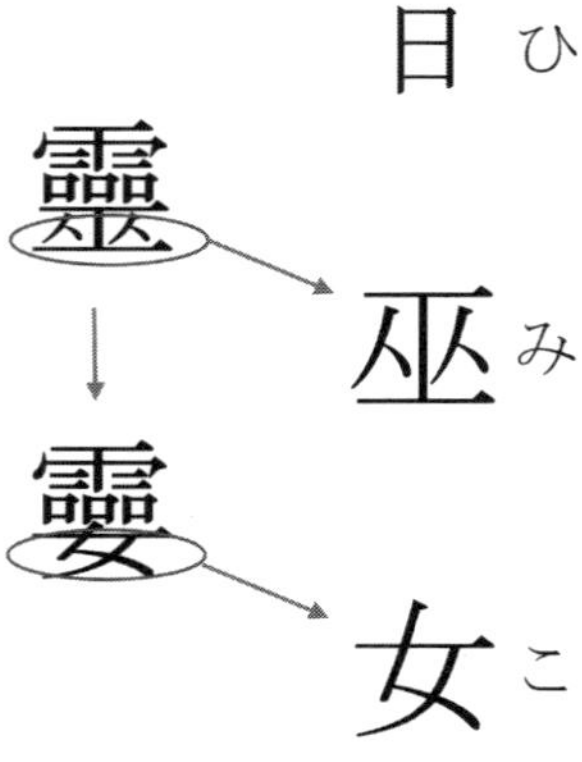

子音〈L〉と「丁＝Tei」の頭子音以外の部分〈ei〉を合体した、「Lei」、すなわち「れい」となる)。これは、この造語「靈」の元字が「靈」(霊はこの字の新字体)であることを意味する。先の校注はそれを気付いた上での校注か否かは知るよしもないが、「靈の巫を女に改め、靈とすることによって女巫であることを示した」とする見解はまさに正鵠を射たものと言ってよかろう。すると『書紀』は、大日靈貴四文字を表向きは「於保比屢咩能武智」と訓じてはいるが、「靈」の読みに注(力丁の反)を入れることによって、この四文字がヒミコであること、そしてその別名をアマテラスとすることによって、ここに、ヒミコをアマテラスに仮託したことを見事に宣言しているのである。

(『日本書紀に秘められたヒミコと皇室の深い関係　ヒミコについての日本書紀のメッセージその1』崎元正教より)

しかし、なぜ後の朝廷は、日巫女を天照大神のモデルにしたからといって、日巫女を歴史から抹殺して『記紀』に載せないだけでなく、箸墓古墳の被葬者まで日巫女以外の別人に差し替えたのだろうか。

それだけではない。

「親魏倭王」と刻された魏から日巫女が賜った金印も廃棄された。

豊が魏の皇帝から賜った文書やその他の資料も無くなった。

豊の後の王に関する資料があったはずであるが、その痕跡もない。

すべて廃棄されたのだ。

なぜこんなことになったのか答えを言うと、すべて神話を事実とするための工作だったのだ。日巫女については、太陽に仕える巫女を太陽神、すなわち、天照大神として神そのものにしたために、それと矛盾する「存在したことの痕跡」をすべて消し去った。それも、我々の常識では考えられないほど、徹底して行った。

外交記録などの書類は、すべて廃棄、焼却した。

現代の我々の常識では不可能としか思えないが、まず言えるのは、当時は一部のエリートだけが読み書きできる漢字のほかに文字がなかった。漢文が書けなければ、物事を書き記すことができなかった。そのため、文書は魏の詔書や帯方郡をはじめとする半島諸国との外交文書、大和国側の控えや覚えなど限られたものだった。日巫女の時代のものだけでなく、豊やそれ以後の王たち、紀元四一三年から五〇二年にわたる「倭の五王」の外交記録を含め、それらはすべて『記紀』が作られた飛鳥、奈良時代までに消えてなくなった。

「倭の五王」の朝貢も『記紀』に記載されていないので、日巫女の朝貢と同様に、おそらく、破棄、焼却されたのだろう。そう判断する理由の一つは、倭の五王のうちの「武」の昇明二（四七八）年の上表文にある。

「昔より祖禰《そでい》躬《みずか》ら甲冑を擐《つらぬ》き、山川を跋渉《ばっしょう》し、寧処《ねいしょ》に遑《いとま》あらず。東は毛人を征すること五十五国、西は衆夷を服すること六十六国、渡りて海北を平《たいら》ぐること九十五国、王道融泰にして、土を廓《ひら》き、畿を遐《はるか》にす。累葉朝宗して歳《としごと》に愆《あやま》ず。臣、下愚なりといえども、忝《かたじけ》なくも先緒を胤《つ》ぎ、統《す》ぶる所を駆率し、天極に帰崇し、道百済《くだら》を遙《へ》て、船舫を装治す。」

と、『記紀』の神武天皇や日本武尊、神功皇后らの事績と相いれない記述があり、こうした史料は廃棄せざるを得なかったのだろう。

外交関係の資料が廃棄されたことは、『記紀』にもう一つの問題点を生じさせた。それは、『古事記』、『日本書紀』に古代中国との外交に関する記事がまったくない、ということだ。日巫女を天照大神にするためとはいえ、歴史から葬ってしまったため、日巫女の事績である中国との国交もすべて消し去った。それ以後の倭の五王の朝貢もいま見たように、なかったことにされてしまった。

大陸との国交関係資料が抹消された背景には、中国の王朝の交代がある。『記紀』が記された飛鳥、奈良時代までに朝貢の対象国はすべて滅びており、日巫女が朝貢した魏、倭の五王が朝貢した東晋、宋、南斉、梁も滅びた。朝鮮諸国も興亡が繰り返され、飛鳥、奈良時代には新羅がほぼ全土を統一していた。このように、外交書類を廃棄しても相手国の滅亡により外交上問題が生じない状態になっていた。こうしたことから、朝鮮半島にあった帯方郡や狗邪韓国の記録も（あったとしたらだが）消された。この時期の資料が残っていれば、朝鮮半島の古代史研究も大いに進展していたのではなかろうか。

日巫女の葬られた箸墓古墳の被葬者だけでなく、豊の墓所やそれ以後の王たちの墓所も、『記紀』で創作された人物の墓所に差し替えられた。

これらの工作が行われたことも極秘とされ、口外無用とされた。当然、不都合な資料は破棄されたし、漢文が書ける公家の日記や、公文書も後世に伝えられることもなかった。

こうした飛鳥時代までのものと思われる、数百年分の大規模な歴史の抹消・改竄が行われたために、『記紀』の原資料となった旧辞、帝紀が作られるころにはおそらく、日本神話の骨格が成立し、いろいろな資料の間の矛盾や関係の整理を残すのみとなっていたのではなかろうか。

こうした、「史料が意図して廃棄された」という考えに疑問を覚える方もいるだろう。『魏志倭人伝』の書かれた時代から、『記紀』の完成した奈良時代まで四百年以上経過しており、その間に書類の劣化、腐食、虫食いなどにより、読むに堪えない状態になった可能性がある。しかし、「倭の五王」の外交記録は、『記紀』の完成の二百年くらい前のものであり、和紙に書かれていたのであれば、よほど劣悪な状態で保管し続けでもしない限り、読むに堪えないほど劣化したとは思えない。また、大和国が滅びることはなかったが、飛鳥時代に至るまでには各地の有力者たちの戦いがあった可能性は否定できない。それにより、敗れた有力者の邸が灰燼に帰すこともあっただろうから、古い記録が焼失することもあっただろう。そうした争いが繰り返されることによって外交記録などがすべてなくなった、ということも考えられる。しかし、公文書には、そうした焼失、劣化のリスクを回避するために写本が作られ、別保管されるのが今日では常識であり、当時も古い記録の劣化の状態を見ては、写本が何度も繰り返し行われ、別保管されていた可能性が高い。また、勝者の側には古い記録が残されるから、原本が無くなったとしても、すべての古代の史料が飛鳥時代までに焼失してしまうということはまず考えられない。

「ウィキペディア」の『日本書紀』によると、

「乙巳の変（注：いわゆる、『大化の改新』の始まり）で中大兄皇子（天智天皇）は蘇我入鹿を暗殺する。これに憤慨した蘇我蝦夷は大邸宅に火をかけ自害した。この時に朝廷の歴史書を保管していた書庫までもが炎上する。『天皇記』など数多くの歴史書はこの時に失われ、『国記』は難を逃れ中大兄皇子（天智天皇）に献上されたとあるが、共に現存しない。天智天皇は白村江の戦いの敗北で唐と新羅連合に敗北し、『記紀』編纂の余裕はなかった。既に諸家の帝紀及本辭（旧辞）には虚実が加えられ始めていた。そのために『天皇記』や焼けて欠けてしまった『国記』（注：ともに六百二十年に聖徳太子と蘇我馬子が編纂したとされる歴史書）に代わる『古事記』や『日本書紀』の編纂が、天智天皇の弟である天武天皇の命により行われる。まずは二十八歳の稗田阿礼の記憶と帝紀及本辭（旧辞）など数多くの文献を元に、『古事記』が編纂された。その後に、焼けて欠けた歴史書や朝廷の書庫以外に存在した歴史書や伝聞を元に、さらに『日本書紀』が編纂された。」

（「ウィキペディア」『日本書紀』より）

と書かれており、有力者どうしの争いから史料が焼失したという事実は確認できるが、それで大和国のすべての史料がなくなることはない。また、蘇我蝦夷によって、多くの史料が焼失した事実は伏せられることなく伝わっている。我が国の、ある時代以前のすべての史料がなくなるということは、権力者の強い意志によるのだ。

それでは、いつごろすべての史料の廃棄が行われたのだろうか。可能性としては、「倭の五王」の最後の朝貢した国、「梁」が亡んだ五五七年よりも後で、『古事記』が完成した七一二年よりも前である。さらに絞ると、白村江の戦いで倭国・百済遺民の連合軍が、唐・新羅連合軍に敗れ、大和国の朝鮮半島での権益がすべて失われた六六三年の後ではなかろうか。白村江の敗戦は、大きな衝撃をもたらし、統一新羅は我が国の脅威となり、西日本には多くの古代山城が築かれた。そうした政治情勢の下、大和政権の正統性を確たるものとすべく、天武天皇の命により、『記紀』が編纂された。ただ、長い期間にわたって多くの歴史書が作られてきたであろうことを思うと、史料の廃棄は白村江の敗戦よりもずっと前に行われていた可能性もある。史料廃棄の時期については確定できない。

それでは誰がすべての史料の廃棄を命じたのか、という大問題が残るが、それもわからない。すでに述べたが、私は国史の編纂を命じた天武天皇が、天皇記、国記、帝紀・旧辞、各地の風土記などと整合性のない外交文書などの多くの史料をすべて廃棄させ、『古事記』・『日本書紀』の真実性を確保しようとしたのではないかと思っているが、それより以前にすでに廃棄されていたかもしれない。何しろ、史料がないのだ。史料廃棄の経緯を記した史料すら残っていない。『記紀』に記されている天皇の名前さえ、実在したことの確認ができないものが多いのだ。『記紀』と矛盾する資料はことごとく消されてしまった。歯がゆいが仕方がない。完全犯罪が行われたことの証拠は、犯罪が行われたという事実と、証人が見つからないだけでなく、「証拠が何一つ残されていない」という現実で示される。その意味では、『魏志倭人伝』がただ一つの証拠として残ったということは、古代の完全犯罪が失敗した、ということだ。

現代においても、共産主義国や独裁国家などで政権にとって都合の悪い歴史的な出来事や、民衆を弾圧した事件などが強圧的な言論統制、出版規制、ネット上のホームページの削除、検索サービスにヒットさせない措置などで「なかったこと」にされている。また、民主主義国を含め、特定の国を「悪の帝国」「帝国主義者」「軍国主義者」「十字軍の国々」「鬼畜米英」などと誹謗・中傷し、国民の愛国心を高める試みも行われている。歴史の改竄、一方的な歴史解釈などの試みは、強い権力とそのための手段、能力があれば（実現できるかどうかは別として）けっして不可能ではないのだ。

蛇足であるが、天武天皇が古代の外交文書等をすべて廃棄させたと思われる状況証拠を「ウィキペディア」の「天武天皇」から列挙してみる。多くの事績から『記紀』の内容を補強すべく古代からの史料の廃棄を命じたのではないかと思われるが、直接天武天皇が廃棄を命じた証拠はなく、状況証拠でしかない。もしも天武天皇が命じたのだとしたら、それは「帝紀及上古諸事」編纂の詔勅を出した六八一年から没した六八六年までの間だろう。ただ問題なのは、『古事記』、『日本書紀』ともに完成したのが天武天皇没後の八世紀に入ってからだということである。『記紀』の編纂には史料が必要であり、参考資料として保存されていた可能性がある。

史料の少ない『魏志倭人伝』の時代、三世紀の出来事ならこれまでと同様に大胆な仮説を立てて、自分なりの検討を進めるところだが、天武天皇の時代、飛鳥、奈良時代には多くの史料があり、一つの仮説を立てればそれを否定する史料が古代史の専門家から直ちに示されるだろう。誰が史料の廃棄を命じたか興味のある人は、それに挑戦してみてほしい。誰にも想像できないような新しい発見が待っているかもしれない。

状況証拠は以下の通り。

「天皇は、十（六八一）年三月十七日に親王、臣下多数に命じて『帝紀及上古諸事』編纂の詔勅を出した。後に完成した『日本書紀』編纂事業の開始と言われる。また、稗田阿礼に帝皇日継と先代旧辞（帝紀と旧辞）を詠み習わせた。後に筆録されて『古事記』となる。いずれも完成は天皇の没後になったが、これらが日本に現存する最古の史書である。」

「天武天皇は日本古来の神の祭りを重視し、地方的な祭祀の一部を国家の祭祀に引き上げた。神道の振興は、外来文化の浸透に対抗する日本の民族意識を高揚させるためであったと説かれる。」

「それぞれの地元で祀られていた各地の神社・祭祀は保護と引き換えに国家の管理に服し、古代の国家神道が形成された。」

「天武天皇は伊勢神宮を特別に重視し、この神社が日本の最高の神社とされる道筋をつけた。」

「壬申の乱のとき、挙兵して伊勢に入った大海人皇子（注：後の天武天皇）は、迹太川《とおがわ》のほとりで天照大神を望拝した。具体的には伊勢神宮の方角を拝んだことを意味すると考えられている。」

（「ウィキペディア」「天武天皇」より）

まだ完成していない『古事記』・『日本書紀』に登場する天照大神がここに登場するということは、天照大神が『古事記』・『日本書紀』で新たに創作された神ではなく、この時代までに、すでに皇室で祀られていた神だということである。『記紀』の内容は古くからの史料をまとめたもので、当時の政権の有力者たちが都合よく歴史を創作したものではないのである。

「即位後の天皇は、娘の大来皇女を伊勢神宮に送り、斎王として仕えさせた。」

「伊勢神宮を五十鈴川沿いの現在地に建てたのは天武天皇で、それ以前は宮川上流の滝原宮にあったと推定されている。」

「天武天皇は民間習俗を積極的にとりこみ、それを国家的祭祀とした。五節の舞がその確実な例であり、新嘗祭を国家的祭祀に高め、特に大嘗祭を設けたのも、天武天皇であろうと言われる。現代の歴史学者の多くが、神道の祭祀も含め、後代に伝統として伝えられた主要な宮廷儀式の多くが、天武天皇によって創始されたか大成されたと推測している。」

（「ウィキペディア」「天武天皇」より）

以上である。

それでは、天武天皇前後の天皇、あるいは、天皇以上の権力を持っていた実力者の中に、古くからの史料の廃棄を命じた人物はいないだろうか。倭の五王の最後の朝貢国「梁」が滅んだ五五七年に在位していた欽明天皇から順に見ていこう。なお、資料は「ウィキペディア」の各天皇のホームページなどによっており、私が要約・加筆した。

欽明《きんめい》天皇は、第二十九代天皇。在位期間は五三九年から五七一年まで。欽明天皇の在位していた五五七年に梁が亡んだ。

この代に、百済より仏教が公伝した。

当時、百済の聖明王との間で五四一年より任那の復興について協議していたが、新羅との戦争は百済側に不利であり、五五二年には平壌と漢城を放棄、さらに五五四年に聖明王が亡くなると、新羅は五六二年に任那を滅ぼしてしまう。これに激怒した欽明天皇は新羅に対して討伐軍を送るが、敵の罠にかかってしまい退却する。

敏達《びだつ》天皇は、第三十代天皇。在位期間は五七二年から五八五年まで。敏達天皇は廃仏派寄りであり、廃仏派の物部守屋《もののべのもりや》と中臣氏が勢いづき、それに崇仏派の蘇我馬子《そがのうまこ》が対立するという構図になっていた。崇仏派の蘇我馬子が寺を建て、仏を祭るとちょうど疫病が発生したため、五八五年に物部守屋が天皇に働きかけ、仏教禁止令を出させ、仏像と仏殿を燃やさせた。その年、敏達天皇は病が重くなり崩御。仏教を巡る争いは更に次の世代に持ち越された。

用明《ようめい》天皇は、日本の第三十一代天皇。在位期間は五八五年から五八七年まで。敏達天皇崩御を受け即位。蘇我稲目《そがのいなめ》の孫である用明天皇は、敏達天皇とは違って崇仏派であり仏法を重んじ、実質、王朝において仏教を公認、それが後の推古天皇以降の仏教隆盛につながった。

一方、危機感を持った廃仏派の筆頭である物部守屋は、欽明天皇の皇子の一人・穴穂部皇子《あなほべのみこ》と通じていた。しかしながら、用明天皇は疱瘡のため、在位二年足らずの五八七年に崩御した。

崇峻《すしゅん》天皇は、第三十二代天皇。在位期間は、五八七年から五九二年まで。大臣の蘇我馬子によって推薦され即位した。一方大連の物部守屋は、穴穂部皇子を即位させようとはかるが、穴穂部皇子は蘇我馬子によって逆に殺されてしまう。その後、蘇我馬子は、物部守屋を滅ぼし、これ以降物部氏は没落してしまう。物部氏の没落によって欽明天皇以来の崇仏廃仏論争に決着が付き、法興寺（飛鳥寺）や四天王寺などの、造寺事業を積極的に行った。しかし、即位したあとでも政治の実権は常に馬子が握っており、次第に不満を感じるようになった。馬子が「天皇は自分を嫌っている」と警戒し、部下に暗殺命令を下した。そして東国の調《みつき》を進めると偽って天皇を儀式に臨席させ、その席で東漢駒《やまとのあやのこま》に暗殺させた。臣下により天皇が殺害されたのは、確定している例では唯一である。

推古天皇は、第三十三代天皇。在位期間は、五九三年から六二八年まで。日本初の女性天皇であり、東アジア初の女性君主である（注：ウィキペディアの記事のまま。日巫女が初の女性君主）。五九三年、甥の厩戸皇子《うまやどのおうじ》（聖徳太子）を皇太子として万機を摂行させた。厩戸の父は用明天皇（推古天皇の同母兄）、母も異母妹の穴穂部間人皇女《あなほべのはしひとのひめみこ》（かつ生母同士が実の姉妹関係）の間柄であり、これが竹田皇子亡き後において、天皇が厩戸を起用する背景になったと見られている。このように公正な女帝の治世のもと聖徳太子はその才能を十分に発揮し、冠位十二階（六〇三年）・十七条憲法（六〇四年）を次々に制定して、法令・組織の整備を進めた。六百年、初めての遣隋使を派遣した。六〇七年、二回目の遣隋使として小野妹子を隋に派遣した。中国皇帝から政権の正統性を付与してもらう目的で、過去にもたびたび使節が派遣されていたが、初めて日本の独立を強調する目的で使節が派遣された。隋皇帝煬帝《ようだい》に宛てた国書が、『隋書』「東夷傳俀國傳」に「日出處天子致書日沒處天子無恙云云」（日出ずる処の天子、書を日没する処の天子に致す。恙無《つつがな》しや、云々）と書き出されていた。これを見た煬帝は立腹し、外交担当官である鴻臚卿《こうろけい》に「蕃夷の書に無礼あらば、また以て聞するなかれ」（無礼な蕃夷の書は、今後自分に見せるな）と命じたという。翌年からは入隋の使節に学問生・学問僧を同行させた。また、五九四年に出された、三宝（仏・法・僧）を敬うべしという詔が示しているように、女帝は太子や馬子と共に仏法興隆にも努め、斑鳩に法隆寺を建立させたりした。

六二〇年、聖徳太子と馬子は『天皇記』『国記』を編纂して献上したが、二年後の六二二年に太子が四十九歳で薨去し、更に四年後の六二六年、蘇我馬子も亡くなった。

六二八年、推古天皇は七十五歳で小墾田宮《おはりだのみや》において崩御。死の前日に、女帝は敏達天皇の嫡孫・田村皇子（のちの舒明天皇）を枕元に呼び、謹しんで物事を明察するように諭し、さらに聖徳太子の子山背大兄王《やましろのおおえのおう》にも、他人の意見を納れるように誡めただけで、後継者の指名は行わなかった。

舒明《じょめい》天皇は、第三十四代天皇、在位期間は六二九年から六四一年まで。先代の推古天皇は、六二八年に崩御した時、継嗣を定めていなかった。蘇我蝦夷《そがのえみし》は群臣に諮ってその意見が田村皇子と山背大兄皇子に分かれていることを知り、田村皇子を立てて天皇にした。これが舒明天皇である。

六三〇年、宝女王を皇后に立てる。

同年三月一日、高句麗（大使宴子抜・小使若徳）・百済（大使恩率素子・小使徳率武徳）が各々使者を遣わして朝貢する。
八月五日、遣唐使（大使犬上御田鍬・薬師恵日ら）を派遣。
十月十二日、飛鳥岡本宮（明日香村）に遷る。
六三一年、百済の義慈王が王子の豊章を質として送る。
六三二年、唐が高表仁を派遣し、犬上御田鍬らを送る。
同年十月四日、唐の高表仁が難波津に到着。
六三三年、高表仁が唐へ戻る（「與王子争禮不宣朝命而還」『旧唐書』）。

皇極天皇、重祚して斉明天皇は、日本の第三十五代・第三十七代天皇。
在位期間は、皇極天皇として六四二年から六四五年まで、斉明天皇として六五五年から六六一年まで。六四五年、中大兄皇子らが宮中で蘇我入鹿を討ち、翌日、入鹿の父の蘇我蝦夷が自害する（乙巳の変・大化の改新）。その翌日の六月十四日、皇極天皇は同母弟の軽皇子（後の孝徳天皇）に皇位を譲った。日本史上初の譲位とされる。対外的には、朝鮮半島の諸国と使者を交換し、唐にも使者を遣わした。斉明天皇として在位五年（六六〇年）に百済が唐と新羅によって滅ぼされた。百済の滅亡と遺民の抗戦を知ると、人質として日本に滞在していた百済王子豊璋を百済に送った。百済を援けるため、難波に遷って武器と船舶を作らせ、更に瀬戸内海を西に渡り、筑紫の朝倉宮に遷幸し戦争に備えた。遠征の軍が発する前の六六一年、当地にて崩御した。

孝徳天皇は、第三十六代天皇。在位期間は六四五年から六五四年まで。『日本書紀』の評によれば、天皇は仏法を尊び、神道を軽んじた。柔仁で儒者を好み、貴賤を問わずしきりに恩勅を下した。六四五年に乙巳の変が起きると、翌々日に皇極天皇は中大兄皇子に位を譲ろうとした。中大兄は辞退して軽皇子を推薦した。軽皇子は三度辞退して、古人大兄皇子《ふるひとのおおえのみこ》を推薦したが、古人大兄は辞退して出家した。

十四日の内に、皇極天皇から史上初めての譲位を受け、軽皇子は壇に登って即位した。立太子は経ていない。中大兄を皇太子とした。阿倍内麻呂《あべのうちまろ》を左大臣に、蘇我倉山田石川麻呂《そがのくらやまだのいしかわまろ》を右大臣にした。中臣鎌子《なかとみのかまこ》（後の藤原鎌足《ふじわらのかまたり》）を内臣とした。僧旻《みん》と高向玄理《たかむこのくろまろ》を国博士とした。

六四五年七月十七日、史上初めて元号を立てて大化元年とし、大化六年（六五〇年三月二十二日）には白雉に改元し、白雉元年二月十五日とした。『日本書紀』が伝えるところによれば、大化元年から翌年にかけて、孝徳天皇は各分野で制度改革を行った。この改革を、後世の学者は大化改新と呼ぶ。孝徳天皇の在位中には、高句麗・百済・新羅からしばしば使者が訪れた。従来の百済の他に、朝鮮半島で守勢にたった新羅も人質を送ってきた。日本は、形骸のみとなっていた任那の調を廃止した。多数の随員を伴う遣唐使を唐に派遣した。北の蝦夷に対しては、渟足柵・磐舟柵を越国に築き、柵戸を置いて備えた。史料に見える城柵と柵戸の初めである。

天智天皇は第三十八代天皇。在位期間は六六八年から六七二年まで。

六四五年、中大兄皇子は中臣鎌足らと謀り、皇極天皇の御前で蘇我入鹿を暗殺するクーデターを起こす（乙巳の変）。入鹿の父・蘇我蝦夷は翌日自害した。更にその翌日、皇極天皇の同母弟を即位させて孝徳天皇とし、自分は皇太子となり中心人物として様々な改革（大化の改新）を行った。また有間皇子など、有力な勢力に対しては種々の手段を用いて一掃した。

孝徳天皇は六五四年に没し、重祚して斉明天皇が三十七代の天皇となっていたが、百済が六六〇年に唐・新羅に滅ぼされたため、朝廷に滞在していた百済王子・扶余豊璋を送り返し、百済復興を図った。百済救援を指揮するために筑紫に滞在したが、六六一年斉明天皇が崩御した。

その後、長い間皇位に即かず皇太子のまま称制したが、六六三年に白村江の戦いで大敗を喫した後、六六七年に近江大津宮（現在の大津市）へ遷都し、翌六六八年、漸く即位した。同年四月十日には、同母弟・大海人皇子（のちの天武天皇）を皇太弟とした。しかし、六七一年に第一皇子・大友皇子（のちの弘文天皇）を史上初の太政大臣としたのち、六七一年に大海人皇子が皇太弟を辞退したので代わりに大友皇子を皇太子とした。白村江の戦い以後は、国土防衛の政策の一環として水城《みずき》や烽火・防人を設置した。また、冠位もそれまでの十九階から二十六階へ拡大するなど、行政機構の整備も行っている。即位後（六七〇年）には、日本最古の全国的な戸籍「庚午年籍《こうごねんじゃく》」を作成し、公地公民制が導入されるための土台を築いていった。

また、皇太子時代の六六〇年と六七一年に漏刻（水時計）を作って国民に時を知らせたことは著名で、後者の日付（四月二十五日）をグレゴリオ暦に直した六月十日は時の記念日として知られる。

弘文天皇は、第三十九代天皇。在位期間は六七二年一月九日から同年八月二十一日まで。明治三（一八七〇）年に諡号を贈られ天皇として認められたが、即位したかどうか定かではなく大友皇子と表記されることも多い。

第四十代は天武天皇。すでに述べた。

持統天皇は、第四十一代天皇。実際に治世を遂行した女帝である。在位期間は六九〇年から六九七年まで。

持統天皇の治世は、天武天皇の政策を引き継ぎ、完成させるもので、飛鳥浄御原令《あすかきよみはらりょう》の制定と藤原京の造営が大きな二本柱である。外交では前代から引き続き新羅と通交し、唐とは公的な関係を持たなかった。

新羅に対しては対等の関係を認めず、向こうから朝貢するという関係を強いたが、新羅は唐との対抗関係からその条件をのんで関係を結んだようである。日本からは新羅に学問僧など留学生が派遣された。持統天皇は六九七年に十五歳の軽皇子に譲位した。文武天皇である。日本史上、存命中の天皇が譲位したのは皇極天皇に次ぐ二番目で、持統は初の太上天皇（上皇）になった。

文武天皇は、第四十二代天皇。在位期間は六九七年から七〇七年。七〇一年に大宝律令が完成し、翌年公布している。また混乱していた冠位制を改め、新たに官位制を設けた。それまで散発的にしか記録されていない元号制度の形が整うのもこの大宝年間である。

元明《げんめい》天皇は、第四十三代天皇。女帝。在位期間は七〇七年から七一五年まで。七〇七年、息子の文武天皇が病に倒れ、二十五歳で崩御してしまった。残された孫の首《おびと》皇子（後の聖武天皇）はまだ幼かったため、中継ぎとして、初めて皇后を経ないで即位した。七〇八年、武蔵国秩父（黒谷）より和銅が献じられたので和銅に改元し、和同開珎を鋳造させた。この時期は大宝律令を整備し、運用していく時代であったため、実務に長けていた藤原不比等を重用した。

七一〇年、藤原京から平城京に遷都した。左大臣石上麻呂《いそのかみのまろ》を藤原京の管理者として残したため、右大臣藤原不比等が事実上の最高権力者になった。七一二年、天武天皇の代からの勅令であった『古事記』を献上させた。翌七一三年には『風土記』の編纂を詔勅した。

七一五年、自身の老いを理由に譲位することとなり、孫の首皇子はまだ若かったため、娘の氷高《ひたか》皇女（元正天皇）に皇位を譲って太上天皇となった。

元正《げんしょう》天皇は、第四十四代天皇、女帝。在位期間は七一五年から七二四年まで。七一七年から藤原不比等らが中心となって養老律令の編纂を始める。

七二〇年に、『日本書紀』が完成した。またこの年、藤原不比等が病に倒れ亡くなった。翌年長屋王が右大臣に任命され、事実上政務を任される。長屋王は元正天皇のいとこにあたり、また妹・吉備内親王《きびないしんのう》の夫であった。不比等の長男武智麻呂は中納言、次男房前は、未だ参議（その後内臣になる）であった。七二三年、田地の不足を解消するために三世一身法が制定された。これにより律令制は崩れ始めていく。

七二四年、皇太子（聖武天皇）に譲位した。退位の詔では新帝を「我子」と呼んで退位後も後見人としての立場で聖武天皇を補佐した。

聖武天皇は、第四十五代天皇。在位期間は七二四年から七四九年まで。天平年間は災害や疫病（天然痘）が多発したため、聖武天皇は仏教に深く帰依し、七四一年には国分寺建立の詔を、七四三年には東大寺盧舎那仏像の建立の詔を出している。これに加えてたびたび遷都を行って災いから脱却しようとしたものの、官民の反発が強く、最終的には平城京に復帰した。また、藤原氏の重鎮が相次いで亡くなったため、国政は橘諸兄《たちばなのもろえ》（光明皇后とは異父兄にあたる）が執り仕切っていた。七四三年には、耕されない荒れ地が多いため、新たに墾田永年私財法を制定した。しかし、これによって律令制の根幹の一部が崩れることとなった。七四九年、娘の阿倍内親王（孝謙天皇）に譲位。生前譲位（太上天皇）した初の男性となる。

七五二年、東大寺大仏の開眼法要を行う。七五四年には唐僧・鑑真が来日し、皇后や天皇とともに会ったが、同時期に長く病気を患っていた母の宮子と死別する。七五六年に崩御した。

聖武天皇の七七忌に際し、光明皇后は東大寺盧舎那仏（大仏）に聖武遺愛の品を追善供養のため奉献した。その一部は正倉院に伝存している。

天武天皇の前後の天皇の事績を「ウィキペディア」から抜粋、編集してみたが、いかがだろうか。天武天皇ほどの積極的な関心をもって皇室の歴史編纂に取り組んだ人物は見られない。聖徳太子の隋に宛てた国書には明らかに過去の倭の五王などの上表文にみられる「朝貢国」には絶対にならない、という強い意志が示されており、国書の制作に過去の上表文が参考資料として使われたことが窺われる。つまり、この時代には少なくとも倭の五王の上表文が存在したと推定できる。ただ、その内容を嫌悪した太子自ら廃棄を命じたかもしれないが。それ以降の天皇は、朝鮮半島との外交や、権力争いなど多くの内政問題に係わっている。『古事記』・『日本書紀』と矛盾する古代からの史料の廃棄に注力したと思われる人物は見られない。

結論としては天武天皇が史料廃棄を命じた可能性が最も高いが、聖徳太子の可能性もあり、結論付けられなかった、ということだ。

その他の補足

『魏志倭人伝』と『古事記』・『日本書紀』の関係から、天照大神と日巫女の関係、それから、古代の史料が意図的にすべて廃棄されたのではないかと書いてきたが、それでは、生身の人間を生前の功績から「神」として祀る、という日本で古くからある宗教観について見てみよう。

日本では偉人が没すると神として神社に祀るということが行われている。例えば、東照宮の徳川家康、豊国神社の豊臣秀吉、東郷神社の東郷平八郎などだが、死者の魂が将来にわたって国、地方を鎮護する、という宗教観は広く信じられており、各地に広く鎮座する多くの神社は、それぞれの地元の氏神を祀っている。反対に、恨みを抱いたまま殺されたり、非業の死を遂げた者が怨霊となって国や為政者に祟る、という逆パターンがある。この場合為政者は、祟りを抑えるためそうした神々を神社に祀り、鎮魂に努める。例えば、大和国に滅ぼされ、出雲大社に祀られている大国主命（『記紀』では出雲の国譲り、とされている）、天満宮に祀られている菅原道真、御首《みくび》神社などに祀られている平将門などである。いずれも、人は死後もこの世に大きな影響力を持ち続ける、という宗教観が根底にあり、日巫女が天照大神として祀られたのも古くからの宗教観からであろう。

大国主命は、もともと葦原中国、つまり、日本を治めていた王で、建御雷神《たけみかづち》に国譲りをしたとされるが、「大きな国の主」と名付けられているように、もともと、近畿、山陰、北陸などを支配していた王たちを総称したものである。さらに拡大して言うと、大和国に抵抗し、敗れていった長髄彦、兄猾《えうかし》、八十梟帥《やそたける》、兄磯城《えしき》などと『記紀』で名付けられた、数万人とも思われる諸国の王や兵を一人の神、大国主命として、古墳時代前期まで戦いが続いた出雲の地に祀った神だと私は考えている。というのも、神武天皇のモデルが大和国の、日巫女より前の男王たちを象徴化、神格化したものであることを考えると、大国主命のモデルは、数千、数万の戦争で敗れた国々の犠牲者と考えてもおかしくないからである。

同様に、諏訪大社に祀られている建御名方神《たけみなかたのかみ》は大国主命の子で、武甕槌命《たけみかづちのみこと》が大国主命に国譲りするように迫ったときに反対し、武甕槌命に相撲を挑んで負けてしまい、諏訪まで逃れた、とされる。そして、以後は諏訪から他の土地へ出ないこと、天津神の命に従うことを誓ったとされている。建御名方神も大和国と東国との戦いの犠牲者の霊を一人の神として諏訪大社に祀ったものである。後世の菅原道真を祀った北野天満宮が京都にあるが、「倭国乱」の舞台となり、多くの犠牲者を出した近畿には、この時代の祟り神の神社がない。西の出雲大社と東の諏訪大社に祟り神を集約し、祀ったのだ。

大和国の日本の国土の統一事業は、百年以上にわたるもので、非常に大きな犠牲を出した。その祟りは我々が思うよりはるかに大きなものと後の大和政権の支配者たちは考えただろう。伊勢神宮などの国を鎮護する神々の力よりも、その祟りははるかに強力なものととらえられ、高さが三十二丈（およそ九十六メートル）もある、当時の日本で一番大きな建物である出雲大社が建てられ、大国主命がそこに祀られた。さらに、出雲大社、諏訪大社とも、奈良の都から遠く離れた地に建てられており、これらの神々が都に害をなさないよう、祈願され続けた。

『記紀』で大きく取り上げられている大国主命は天照大神と同様に創作されているが、日巫女より後の、恨みを抱いたまま死んだ人々や国家に大きな貢献をした人物は、その事績や墓など多くの実在したことの証拠や文書が残されており、為政者によって歴史から消し去られることはなかった。そのため祭神が菅原道真や徳川家康などの実在した人間であることが社会的に知られている。外交文書や一部の漢文に通じた人々が書いたもの以外に、文字のなかった時代には、神を創作し、そのモデルとなった人物を歴史から消し去るという、今では考えられない奇想天外なことが行われた。そして、千年以上の非常に長いあいだ、それがバレなかった。ただ、大陸には漢字があり、漢文で書かれたわずかな記録が残されていたので、『魏志倭人伝』に残された記録と『記紀』との違いが歴史の謎として把握されていた。

　神武天皇のモデルとされた、日巫女より前の男王たちは、みなそれぞれ名前を持ち、ある程度の立派な墳丘墓が作られたはずであるが、『記紀』にはそうした記載がなく、日巫女と同じように日本の正史に残っていない。ただ、彼らが『魏志倭人伝』にも取り上げられていないため調べようがなく、注目されなかった。その意味では、日巫女は『魏志倭人伝』に取り上げられたという特殊な状態にあったため、今日広く知られているだけなのである。違っているのは、記録の有無だけだ。

　極論を言えば、文字の記録が残っていない時代の『記紀』の登場人物はみんな創作されており、実在の人物は誰一人いない。モデルとされた人物は名前を変えられ、役割を変えられた。『魏志倭人伝』に出てくる、邪馬壹国の官の伊支馬《いきま》、弥馬升《みまと》、弥馬獲支《みまわき》、奴佳鞮《なけて》、邪馬壹国に属さない狗奴《くな》国の男王卑弥弓呼《ひみくこ》、官の狗古智卑狗《くこちひく》、魏に派遣された大夫難升米《なしめ》、伊声耆《いせぎ》、掖邪《えや》狗《く》、載斯烏越《そしあお》など、これらの人たちが『記紀』に登場しないのがその証しだ。

『魏志倭人伝』の登場人物が、場面が変わって『古事記』・『日本書紀』になると誰も登場してこない、というのは、あたかも、アガサ・クリスティの推理小説『そして誰もいなくなった』だ。

先ほど少し触れた、日巫女より前の男王たちの墓所について見てみよう。この時期の墳丘墓について「ウィキペディア」の「弥生時代の墓制」には、

「弥生後期、近畿地方や瀬戸内海沿岸で、それまでより規模の大きい墳丘墓が営まれ始める。特に吉備地方（岡山県〜広島県東半）では、全長数十メートルに及ぶ墳丘墓も現れ、埴輪の祖型である大型の壺や器台を伴うようになる（特殊器台・特殊壺）。なかでも岡山県倉敷市の楯築墳丘墓は直径約四十五メートル、高さ約五メートルの円丘の両側に方形の張り出しを持ち、全長約八十メートルもある双方中円墳の形をしている。この地域の代表的な首長の墓と考えられ、その築造年代は、三世紀前後に比定されている。なお、兵庫県たつの市揖保川町養久山《やくやま》五号墳も突出部を二つ持っている。これらの突出部は、祭壇などではなく、棺を担いだ埋葬の葬列が通る『道』だったと考えられる。前方後円墳の成立時には、前方部に変化していった。」

（「ウィキペディア」「弥生時代の墓制」より）

と書かれており、これらの墓が大和国の東征の途中で命を落とした王たちのものだという確証はないが、岡山県や兵庫県にこのような大型の墳丘墓がみられることは、彼らがこれらの地方で葬られた可能性があることを窺わせる。

日巫女が天照大神という「神」にされたため、日巫女の痕跡は、墓所、物証を含めすべて消し去られてしまったが、天照大神は伊勢神宮内宮をはじめ、多くの神社の御祭神として祀られている。伊勢神宮は、今も信仰の対象として、また、日本の宗教文化の中心地として、国内のみならず、海外からも多くの参詣者や観光客を集めている。江戸時代には伊勢参りは庶民の間で広く人気となった。このように、天照大神（＝日巫女）は単に神道の神の一人、というだけでなく、皇室の始祖として日本の歴史に大きな足跡を残し、日本の文化にも大きな影響を与えている。

邪馬壹国と卑弥呼は、これまで『魏志倭人伝』の中だけの話だったが、実際は日本建国の歴史の中で大きな役割を担っていたことがわかった。『古事記』、『日本書紀』の誕生に、卑弥呼が大きなインパクトを与えており、天照大神として『記紀』の柱となっている。このことは日本の歴史を語るとき、忘れてはならないことだと思う。

「終わりに」にかえて

「天照大神は伊勢神宮内宮をはじめ、」と書いて、ふと疑問に思った。ならば、外宮の御祭神は誰だろう。

「ウィキペディア」で「伊勢神宮」を調べてみた。すると、意外な人物が出てきた。

「トヨウケビメ」

「トヨ」？

なんで？

ここに「豊」が突然出てきた！

外宮の御祭神は、名を「豊受大神」という。豊受大神は「豊宇気毘売《とようけびめ》神」として『古事記』に登場するが、豊に続く「ウケ」は食物のことで、食物・穀物を司る女神とされている。つまり、「豊」に食物神としての神格を与えて、伊勢神宮外宮の御祭神としたのだ。

卑弥呼と壹與の二人が伊勢神宮の内宮と外宮の神として祀られている。

なんということだろう。『魏志倭人伝』の主要登場人物がそろって伊勢神宮の神となっていたとは。

「伊勢神宮外宮の社伝（『止由気宮儀式帳』）では、雄略天皇の夢枕に天照大神が現れ、『自分一人では食事が安らかにできないので、丹波国の比沼真奈井《ひぬまのまない》にいる御饌の神、等由《とよう》気大神《けのおおかみ》を近くに呼び寄せなさい』と言われたので、丹波国から伊勢国の度会に遷宮させたとされている。」

（「ウィキペディア」「トヨウケビメ」より）

私は驚いてあらためて「壹與」を調べてみた。すると見落としていた記述に気付いた。「ウィキペディア」の「台与」を読み返してみると、「人物比定」の項目に「豊鍬入姫命説」として「崇神天皇の皇女である豊鍬入姫命に比定する説。天皇の命で天照大神を祭った初代斎宮が臺與に当たる」と書かれている。

斎宮とは、伊勢神宮に巫女として奉仕した未婚の内親王（天皇の皇女）または女王（親王の王女）のことで、豊鍬入姫命が初代とされている。ここでも豊が登場してきた。壹與が伊勢神宮の斎宮だということはあり得ないが、初代斎宮の名に「豊」を冠したであろうことは納得できる。

『記紀』の登場人物は、みんな作られたキャストであり、天照大神の初代斎宮の女性に名前を付けるとき、日巫女に続く女王壹與をその候補とし、豊に鍬入姫命をくっつけて豊鍬入姫命とした可能性がある。壹與は外宮の御祭神ともされているので、壹與は伊勢神宮をめぐり、一人二役を演じているのだ。

神武天皇は、大和国が九州から近畿までを統一した王たちの功績を一人の「神武天皇」として神格化したものであり、複数のモデルが一人のキャストになっている。壹與の場合は一人二役で、『記紀』では、その場、その場にふさわしい登場人物が創作されている。

壹與は十三歳で帯方郡の役人の張政らを帰還させたところで『魏志倭人伝』が終わっているため、その後の事績が一切不明となっている。豊受大神は食物・穀物を司る女神であり、豊鍬入姫命には「鍬入」と農耕を示す文字が付いていて、ともに農業に関係している。豊は豊かな収穫を祈念する大和国の指導者たちの一致した希望だった。豊も日巫女と同じように国を富ませていったのだろう。国の発展と天皇制の基礎を築いたことにより、日巫女とともに豊も伊勢神宮の御祭神として祀られたのであろう。

この考えに対し、伊勢神宮外宮の祭神や斎宮の名に「豊」が付いていることは偶然にすぎない、という意見もあろう。『記紀』には「豊」が付く神に「豊斟渟神《とよくむぬのかみ》」「豊玉《とよたま》毘売《ひめ》」などがあり、そうした名前の付け方がされただけだということができる。しかし、皇室を守護する伊勢神宮の役割を考えるとそうした神々と豊受大神、豊鍬入姫命を一律に並べてみることはふさわしくない。なるほど、豊受大神も豊鍬入姫命も壹與を冠して名付けられているが、それは卑弥呼に次ぐ女王壹與を神や斎宮とするための命名であった。他の神々とは付けられた名前の意味に大きな相違がある。豊受大神、豊鍬入姫命ともに農業の豊作、国の発展を祈念する命名者の思いが込められている。それは、天の恵みをもたらす太陽神、天照大神と対をなす名前だということができる。降り注ぐ日の光とたわわにみのり首《こうべ》を垂れる稲穂の波をその命名者は心のうちに思い描いている。我が国は「豊葦原《とよあしはら》の瑞穂《みずほ》の国《くに》」なのだ。

これで多くの謎が解決された。

邪馬壹国は大和国のことであり、『記紀』の内容と考古学上の遺跡、遺物との関連性もある程度説明がついた。

卑弥呼は天照大神のモデルとなり、壹與も卑弥呼（天照大神）とともに伊勢神宮の祭神になった。

なんだか不思議な気分である。『魏志倭人伝』を詳しく見てみようと思ったきっかけは、卑弥呼が『記紀』に全く登場しないことに疑問を持ったことが一つのきっかけである。邪馬壹国畿内説、九州説の論争に結論をつけようなどとは思ってもいなかった。

壹與についてはまったく瓢箪から駒であった。この原稿を書くために「伊勢神宮」について調べたら突然、唐突に名前が出てきた。最後の部分は、天照大神が実は日巫女だったのだ、で終わるはずだったので、最終段階まであまったく考えてもいなかった。

源義経が平泉を逃れ、大陸に渡って成吉思汗になった、という仮説を証明しようとする小説『成吉思汗の秘密』（高木彬光）の最後で、「成吉思汗」の名前の中に白拍子から愛妾となったものの、日本に残してきた静御前への思いを忍ばせた、という件《くだり》を思い出した。まさか、あたかも高木彬光さんをパクったかのような終わりになるとは（この名前の分析の部分は『成吉思汗の秘密』の中の最も印象深い所なので、具体的なことには一切触れません。面白い本なので興味のある方はぜひ一度手にしてみてください）。

伊勢神宮の内宮に天照大神（＝日巫女）を祀れば、外宮には誰が祀られることになるのかと考えると、それは『古事記』・『日本書紀』を基準にすれば、天照大神と対をなす弟の素戔嗚《すさのお》尊《のみこと》や初代天皇の神武天皇などになるが、それではバランスが取れない。モデルとなった人物をもとにすれば日巫女→天照大神に対して、豊→豊受大神となり、ひじょうにバランスがいい。外宮に豊が祀られていることに気が付いて冷静に考えられるようになってから、それはごく当然のことだと思えてきた。昔の人々は日巫女と豊を神として崇めていたのだ。

天皇制の基礎を築いた日巫女と豊、この二柱が伊勢神宮の御祭神としてともに祀られたのは考えてみれば当然のことである。二人の果たした役割と、現代まで続く皇室の歴史とその重み、さらには日本という国の古代から脈々と受け継がれてきた精神世界の奥深さにあらためて心動かされる思いである。

終わりに、この原稿の作成に当たっては、参考図書は『大系日本の歴史1　日本人の誕生』（小学館）のみで、あとはすべてインターネットの「ウィキペディア」と検索エンジンで調べた資料によった。パソコンをお持ちの方は、私の参考資料を（ホームページが削除されたり、書き換えられていなければだが）確認してみてください。別の解釈や新しい発見につながるかもしれません。

あとがき

私は古代史の専門家ではないし、歴史家でもない。ただの越後のちりめん問屋の隠居です（ウソ）。

なので、恥ずかしながら伊勢神宮外宮の祭神が豊受大神だと知らなかった。関係者の皆さま、地元の皆さま、ごめんなさい。古代史や『古事記』、『日本書紀』に詳しくないのです。だから、ここに書いたようなことを楽しい作業として調べていくことができました。

性分として、「おかしいな」と思ったことは自分なりにいろいろと考えるのが好きで、この本も『魏志倭人伝』と『古事記』、『日本書紀』の関連性のなさに「なぜだろう」と思ったことがきっかけで書きました。

これまで「おかしい」と思ったことを書いてみましょうか？

① 重力の大きさは、二つの物質の質量の積に比例し、その間の距離の二乗に反比例する、ってことは学校で習ったけれど、重力が伝わる速さは誰も教えてくれない。

② 地球が寒冷化したら氷河期が来る、って本当？　逆に温暖化したら氷河期が来るのでしょ？

③　植物って根を下ろしたところから動くことができないから、周囲の植物と物凄い生存競争をしているのではないかな？　動物は喧嘩に負けたら逃げればいいけれど、植物は動けないから、負けるわけにいかない。どんな手を使っているのだろう。

①について説明すると、重力が伝わる速さは、誰も測った人がいないのに、相対性理論に「光が一番速い」と書いてあるからという理由で、光と同じ速さだと言われている。特に、平成二十八年二月に重力波の観測に成功したと発表されてからは、重力波と重力を同じものと考えているのかどうか知らないけれど、重力の速さは光速と同じだという雰囲気が見られる。だけど、ブラックホールを見てほしい。ブラックホールはその巨大な重力によって光の速さで空間を吸い寄せているから、光すらもブラックホールから脱出できない、と言われている。重力が光と同じ速さなら、重力もブラックホールから脱出できず、ブラックホールの周辺の宇宙空間の物質を引き寄せたり、銀河の自転速度に影響を与えたりという悪さができないでしょ？　重力は無限の速さで届くのではないかな。

②について説明します。

日本の新潟、富山、秋田など東北、北陸の日本海側は豪雪地帯ですよね。だけど、日本はツンドラ地帯じゃなくて温帯に位置します。それらの地域よりも年間平均気温がはるかに低いツンドラ地帯に毎年大雪が降りますか？　冬にはブリザードが吹き荒れるけど、降雪量は多くない。寒ければ氷河ができるわけじゃない。氷河ができるためには、冬季に大量の雪が降り、夏季にもある程度の残雪があり、年々累積していかないといけない。雪が降るためには雪雲がいるでしょ。雲ができるためには、海から大量の水蒸気が生まれ、北極圏や南極圏の陸上で雪になって降らないといけない。水蒸気ができるためにはエネルギーが要るでしょ、温帯地域から高緯度地帯までの海洋の上空が暑くないと大量の水蒸気は生まれない。

もう一つ、山脈もいる。雪雲が山脈にぶつかって雪を降らすから。

今は、北極圏では高緯度地帯まで大量の水蒸気が届かないから雪が少ない。夏に雪や氷が解けるから氷河がやせ細っている。でしょ？　高緯度地帯に大量の雪が降り、夏の残雪が多くなれば氷河が発達するでしょう。

③は最近気づいて調べてみたいなと思っていること。だからコメントしません。

私は、「巷のウェゲナー」でありたいと思っています。例の大陸移動説を唱えて当初は完全否定された人です。だけど、地球物理学の発展で大陸だけじゃなく、海洋も動いていることがわかり、プレート・テクトニクスとして確立した学問になり、今やウェゲナーは地球物理学の先達として高い評価をされています。

ニュートンのリンゴも然りで、ちょっとした気づきや疑問を大事にしたい。そのことが新しい発見につながれば楽しいし、人の役に立つかもしれない。さっきの疑問も専門家の方々から

「いや、そうじゃないよ、かくかくしかじかだよ。」と説明をいただけるかもしれないけれど、それは問題じゃない。疑問を感じたら何がおかしいのか、どう考えるのがベターなのかと自分で考えることが大事だと思います。

この本が皆さんの興味を引き、古代史の不思議の解明に挑戦したいと思っていただければ幸いです。

私のつたない文章を最後までお読みいただいてありがとうございました。

山下　浩（やましたひろし）

昭和27年　広島県に生まれる
昭和50年　広島大学政経学部卒業

魏志倭人伝精読　卑弥呼と壹與

2017年3月30日　初版発行

著　者　山下　浩
発行者　中田典昭
発行所　東京図書出版
発売元　株式会社 リフレ出版
〒113-0021　東京都文京区本駒込 3-10-4
電話 (03)3823-9171　FAX 0120-41-8080
印　刷　株式会社 ブレイン

ISBN978-4-86641-046-3 C0021
Printed in Japan 2017
落丁・乱丁はお取替えいたします。

ご意見、ご感想をお寄せ下さい。

［宛先］〒113-0021　東京都文京区本駒込 3-10-4
東京図書出版